Delegação e supervisão

Brian Tracy

Delegação e supervisão

EDITORA HÁBITO
Avenida Recife, 841 — Jardim Santo Afonso — Guarulhos, SP
CEP 07215-030 — Tel.: 0 xx 11 2397-1019
contato@editorahabito.com.br — www.editorahabito.com.br
/editorahabito @editorahabito

DELEGAÇÃO E SUPERVISÃO
©2013, Brian Tracy
Originalmente publicado em inglês sob o título:
Delegation & Supervision
Edição brasileira ©2025, Editora Hábito
Publicado com autorização contratual. Original em inglês por
HarperCollins Focus, LLC (Nashville, TN, EUA).

Todas as citações foram adaptadas segundo o Acordo Ortográfico da
Língua Portuguesa, assinado em 1990, em vigor desde janeiro de 2009.

As opiniões expressas nesta obra refletem o ponto de vista de seus autores
e não são necessariamente equivalentes às da Editora Hábito ou de sua equipe editorial.

Os nomes das pessoas citadas na obra foram alterados nos casos
em que poderia surgir alguma situação embaraçosa.

Todos os grifos são do autor, exceto indicação contrária.

Editora-chefe: Sarah Lucchini
Editor responsável: Paulo Peres
Assistência editorial: Larissa da Mata
Tradução: Paulo Peres
Revisão de tradução: Bárbara Bie
Revisão de provas: Eliane Viza
Coordenadora de design gráfico: Claudia Fatel Lino
Projeto gráfico e diagramação: Willians Rentz
Capa: Willians Rentz

1. edição: abr. 2025

Dados Internacionais de Catalogação na Publicação (CIP)
(Câmara Brasileira do Livro, SP, Brasil)

Tracy, Brian
Delegação e supervisão / Brian Tracy. — São Paulo : Editora Hábito, 2025.

Título original: *Delegation & Supervision*.
ISBN 978-65-84795-43-3
e-ISBN 978-65-84795-44-0

1. Autoajuda (Psicologia) 2. Delegação 3. Desenvolvimento profissional 4. Gestores de pessoas 5. Liderança I. Título.

25-254544 CDD-658.4092

Índices para catálogo sistemático:

1. Gestão de pessoas e liderança : Administração de empresas 658.4092

Eliane de Freitas Leite - Bibliotecária - CRB 8/8415

SUMÁRIO

INTRODUÇÃO

DELEGAR é uma habilidade indispensável para uma gestão eficaz. Sem uma delegação eficiente e apropriada, um gestor dificilmente conseguirá explorar todo o seu potencial.

O processo de gestão pode ser descrito como "alcançar objetivos por meio de outros". Tal definição realça a importância de delegar tarefas, funções e responsabilidades com assertividade à equipe. A habilidade e disposição para delegar são importantes tanto para o desenvolvimento profissional do gestor quanto para o sucesso da empresa.

No entanto, muitos gestores encontram dificuldades na hora de delegar. Às vezes, não estão dispostos ou se sentem inseguros para fazer isso, o que limita significativamente suas oportunidades de crescimento. E como a alternativa à delegação é fazer tudo por conta própria, acabam assumindo tanta coisa que não conseguem contribuir para o sucesso de suas organizações.

OS BENEFÍCIOS DE DELEGAR

Delegar traz inúmeros benefícios e vantagens. É uma prática que amplia o impacto do seu trabalho, pois permite que vá além do que poderia executar sozinho e, então, foque no que pode supervisionar e gerenciar. Assim, você consegue se concentrar nas poucas tarefas que realmente demandam sua expertise para o sucesso da empresa.

Delegar também possibilita aumentar tanto a qualidade quanto a quantidade dos seus resultados, que, mais do que qualquer outro fator, serão determinantes para a sua remuneração, posição e nível de satisfação pessoal no trabalho.

Além disso, a delegação permite aprimorar a capacidade e competência das pessoas que trabalham sob sua liderança, o que ajuda a liberar o potencial humano.

Hoje em dia, gestores já operam em sua capacidade máxima; eles têm muito mais tarefas a cumprir do que tempo disponível para realizá-las. Para que qualquer atividade importante seja concluída, um gestor precisa delegar tudo o que puder ser feito por outras pessoas. Esse é um princípio fundamental no mundo dos negócios.

DELEGAR É UMA HABILIDADE QUE PODE SER APRENDIDA

Felizmente, a delegação é uma habilidade que pode ser desenvolvida. Aprendemos qualquer competência, primeiro entendendo como realizá-la e, depois, praticando-a regularmente até que se torne um hábito — como dirigir um carro.

A maioria dos gestores nunca recebeu um treinamento formal em delegação, e ao adotar qualquer comportamento novo, é natural que a sensação inicial seja de desconforto. No entanto, quanto mais você pratica a delegação, mais fácil ela se torna.

Este livro foi escrito para ajudá-lo a se tornar excelente em delegar, de modo que possa maximizar sua contribuição em sua empresa. Nele, você aprenderá uma série de ideias-chave que poderá aplicar para se tornar mais eficaz em sua gestão. Cada um desses métodos, técnicas e estratégias foi testado e comprovado ao longo dos anos.

Ao praticar essas técnicas de forma consistente, logo chegará a um ponto em que você será visto como um dos melhores gestores pelas pessoas ao seu redor.

- UM -

DESENVOLVA SEU RECURSO MAIS VALIOSO

SEU RECURSO MAIS VALIOSO NOS NEGÓCIOS é o capital humano sob sua responsabilidade. Eles valem mais do que computadores ou qualquer infraestrutura. Os melhores gestores são aqueles capazes de extrair o máximo de desempenho de alta qualidade das pessoas que gerenciam.

Sua função como gestor é assegurar o maior retorno possível sobre o investimento da empresa em pessoas. Cerca de 85% do orçamento operacional de uma organização, especialmente em empresas de serviços, é destinado a salários e benefícios. A pergunta que você deve se fazer é: “Estamos realmente aproveitando esse investimento ao máximo?”. Delegar é uma das formas de fazer isso acontecer.

Em média, as pessoas trabalham entre 50% e 60% de sua capacidade. Isso significa que, em muitas organizações, metade do potencial dos colaboradores não está sendo aproveitada. Uma organização excelente é aquela na qual as pessoas utilizam cada vez mais seu potencial para alcançar os objetivos organizacionais.

DESENVOLVA SUA EQUIPE

Como gestor, sua função é desenvolver pessoas. Você tem a responsabilidade de cuidar e promover sua equipe. Computadores e outros equipamentos depreciam e, com o tempo, tornam-se obsoletos. Pessoas, por outro lado, podem crescer em valor, dependendo de como são gerenciadas e aproveitadas. Delegar é uma ferramenta fantástica para desafiar sua equipe, incentivando-a a expandir suas habilidades, alcançar melhores resultados e contribuir ainda mais para a empresa.

O mais importante é que a delegação permite que você explore seu próprio potencial. A grande descoberta para qualquer gestor ou executivo é que seu potencial de crescimento é praticamente ilimitado – desde que consiga liberar os talentos e habilidades dos outros por meio de uma delegação estratégica e supervisão eficaz.

No ambiente de trabalho, você tem duas opções. Quando recebe uma tarefa pela qual é responsável perante seu chefe, você pode executá-la pessoalmente ou designar outra pessoa para realizá-la. Sua capacidade de delegar o trabalho a outra pessoa – ou, mais especificamente, confiar a tarefa a alguém que realmente pode realizá-la – permite que você se concentre no que só você pode fazer. Mais do que qualquer outra coisa, essa habilidade de delegar será decisiva para sua trajetória profissional, promoção, salário, status, posição, prestígio e sucesso na gestão.

- DOIS -

ENFRENTE OS MITOS QUE IMPEDEM UMA DELEGAÇÃO EFICAZ

EXISTEM diversos mitos que frequentemente dificultam o ato de delegar. Embora alguns possam ter algum fundamento, esses mitos funcionam como barreiras mentais que limitam gestores. Alguns desses bloqueios podem ser conscientes, enquanto outros operam de forma inconsciente. Sempre que você encontrar um gestor com dificuldades para delegar, provavelmente encontrará um ou mais desses mitos em ação.

MITO 1: NÃO HÁ TEMPO SUFICIENTE PARA DELEGAR

Às vezes, as pessoas estão tão sobrecarregadas com responsabilidades que sentem não ter tempo suficiente para explicar uma tarefa a alguém. Simplesmente querem resolver todo o trabalho o mais rápido possível.

Em outras situações, até chegam a delegar, mas não investem o tempo necessário para orientar o outro sobre o que precisa ser feito e como a tarefa deve ser realizada. Podem dizer algo como: "Faça isso e termine até tal hora". Confundem dar ordens com delegar, mas isso é abdicação da responsabilidade, não delegação.

É provável que você já tenha ouvido o ditado: "Quem faz correndo, faz duas vezes", isto é, nunca há tempo suficiente para fazer algo bem-feito, mas sempre há tempo para refazer. Em equipes ou organizações mal gerenciadas, sempre parece haver espaço para corrigir erros e equívocos decorrentes de uma delegação inadequada.

A verdade é que *sempre* há tempo para delegar de forma eficaz. A partir de agora, pare de dizer que você não tem tempo para delegar uma tarefa com clareza. Lembre-se: Investir tempo para delegar bem é o uso mais eficiente do seu tempo, pois garante resultados melhores.

MITO 2: A EQUIPE NÃO É COMPETENTE O SUFICIENTE

Muitas vezes, os gestores subestimam a capacidade de sua equipe. No entanto, a única forma de avaliar a competência dos colaboradores é atribuindo a eles mais responsabilidades do que tiveram até agora e permitindo que errem e aprendam com esses erros.

As pessoas podem surpreendê-lo. Curiosamente, é provável que os membros da sua equipe tenham habilidades que você nunca percebeu. Quando você aprende a explorar tais capacidades, eles não apenas encontram uma maior satisfação no trabalho, mas você também consegue realizar muito mais como gestor, o que impulsiona sua carreira.

MITO 3: SE VOCÊ QUER QUE ALGO SEJA BEM-FEITO, FAÇA-O VOCÊ MESMO

Esse equívoco, quando levado ao extremo, resulta em fracasso na gestão. Se você realmente acredita que precisa fazer tudo sozinho para que o trabalho seja concluído com qualidade e dentro do prazo, acabará sobrecarregado com tarefas acumuladas e cada vez menos tempo para cumpri-las. Esse mito impede seu progresso e o condena a operar apenas em um nível operacional, em vez de crescer como gestor.

A principal razão pela qual muitos falham em cargos de gestão é a dificuldade em deixar de ser quem executa para se tornar quem gerencia. A tendência natural é recuar para a zona de conforto e assumir tarefas em vez de delegá-las. Lembre-se de que sua função é gerenciar, não fazer tudo por conta própria.

MITO 4: AS PESSOAS PENSARÃO QUE VOCÊ NÃO ESTÁ NO CONTROLE SE DELEGAR PARA OUTROS

Não é raro que gestores e executivos hesitem em delegar. Seus egos estão atrelados ao trabalho, e eles querem manter a aparência de que estão no controle e a par de todos os detalhes. Por isso, relutam em delegar.

No entanto, a verdade é o oposto. Você nunca poderá saber o que está acontecendo em todos os lugares o tempo todo – nem precisa. Sempre é possível contar com pessoas que estão a par dos detalhes e que podem atualizá-lo rapidamente quando necessário.

MITO 5: QUANDO VOCÊ É BOM EM ALGO, DEVE FAZÊ-LO SOZINHO

Muitas pessoas passam meses ou até anos para desenvolver habilidades que as ajudam a crescer na carreira, ser promovidas e assumir uma equipe. O problema é que executar bem uma tarefa gera uma zona de conforto para a qual as pessoas tendem a voltar, realizando uma atividade que dominam, em vez de delegá-lo.

A regra é simples: Delegue o que você já domina e faz com facilidade, e dedique-se a algo novo. Dominar uma tarefa permitiu seu progresso até aqui, e agora é hora de ensiná-la e repassá-la a outra pessoa. Não faz sentido que você continue a fazer tarefas simples e rotineiras que outra pessoa pode fazer.

Aplique a "regra dos 70%": Se alguém consegue fazer uma tarefa 70% tão bem quanto você, delegue a tarefa para essa pessoa. Dê a si mesmo liberdade para focar nas poucas tarefas que só você pode realizar.

Nossa tendência natural é nos apegarmos aos trabalhos que gostamos e que nos trouxeram até onde estamos hoje. Porém, você deve delegar as tarefas que já domina para se concentrar naquelas que demandam mais inteligência, habilidade e capacidade.

- TRÊS -

O PONTO DE PARTIDA DA DELEGAÇÃO

O PONTO DE PARTIDA para delegar – assim como para qualquer prática de gestão eficaz – é reservar um tempo para refletir sobre o trabalho antes de tomar qualquer decisão. Reflita sobre o que precisa ser feito, tanto por você quanto pela equipe. Um bom exercício é escrever o objetivo de uma tarefa, especialmente se ela for complexa, e listar cada etapa necessária para concluí-la dentro do prazo e com o nível de qualidade esperado.

Grande parte dos problemas em uma gestão decorre de *agir sem pensar*. Em contrapartida, o sucesso na gestão é frequentemente o resultado de dedicar tempo para pensar antes de agir. E poucos aspectos são tão importantes para essa prática quanto a delegação.

PLANEJAR ECONOMIZA TEMPO

Há um ditado que diz: "Prevenir é melhor do que remediar". Cada minuto gasto no planejamento economiza de dez a doze minutos na execução. Faça uma lista de tudo o que precisa ser feito para completar uma tarefa importante ou alcançar um objetivo. Quanto mais tempo você investir no planejamento prévio, mais rápido executará a tarefa ao iniciar o trabalho.

Refletir sobre o trabalho – o que deve ser feito, quando deve ser concluído e qual o padrão de qualidade necessário – é o ponto de partida para uma delegação eficaz. Infelizmente, muitos gestores delegam primeiro e só depois analisam a tarefa com mais atenção.

FAÇA AS PERGUNTAS CERTAS

Você deve abordar cada tarefa ou atribuição como se sua carreira e seu futuro dependessem dela. Quanto maior a tarefa e sua importância, mais atenção e seriedade você deve dedicar a ela desde o início. Faça as perguntas certas:

- O que estou tentando alcançar?
- Como estou tentando fazer isso?
- Existe uma maneira melhor de alcançar esse objetivo?

Comece com uma reflexão sobre sua situação atual, onde deseja estar no futuro e qual é a melhor forma de chegar lá.

SEJA SEU PRÓPRIO CONSULTOR DE GESTÃO

O papel do consultor de gestão é fazer perguntas sobre o que você está fazendo e por que está adotando tal abordagem. Peter Drucker expressou isso bem ao dizer: “Não sou um consultor; sou um ‘provocador’. Não digo às pessoas o que fazer. Apenas faço as perguntas difíceis que precisam responder para decidir o que fazer por conta própria".

Um excelente exercício para gestores é identificar e questionar suas próprias suposições. Quais premissas você está assumindo como verdadeiras? Quais são conscientes e quais você está assumindo *de forma inconsciente*? E, o mais importante: E se essas suposições não forem corretas? E se as ideias sobre as quais você fundamenta suas decisões estiverem equivocadas? O que você faria nesse caso? Ao desafiar essas ideias, você pode encontrar novas e melhores formas de realizar o trabalho.

VOCÊ DEVE FAZER AS COISAS POR SI SÓ?

Para cada tarefa, é preciso decidir se você deve realizá-la pessoalmente, delegá-la a alguém dentro da empresa ou terceirizá-la a um especialista externo. Essas decisões só podem ser tomadas de maneira adequada quando você dedica tempo para analisar a tarefa com atenção.

SE FAZ SENTIDO, FAÇA VOCÊ MESMO

Nem sempre a melhor escolha é delegar uma tarefa; às vezes, faz mais sentido executá-la você mesmo. No início da minha carreira, trabalhei como redator em uma grande agência de publicidade, na qual me dediquei a ler tudo o que pude sobre redação profissional. Com o tempo, adquiri experiência suficiente para criar textos publicitários de alta qualidade para contas nacionais.

Até hoje, sou capaz de criar excelentes textos publicitários sobre praticamente qualquer assunto, produto ou serviço, de forma rápida, fácil e com qualidade. Um membro da minha equipe poderia gastar horas escrevendo um material publicitário para nosso site ou outras campanhas promocionais, sem necessariamente obter um resultado satisfatório. Em poucos minutos, consigo escrever o mesmo conteúdo, pronto para ser publicado.

Esse é um dos casos em que faz muito sentido eu mesmo redigir o texto, em vez de delegá-lo ou contratar alguém externo para fazê-lo.

ENCONTRE A PESSOA CERTA

Se, no entanto, você decidir delegar uma tarefa em vez de executá-la pessoalmente, o próximo passo é identificar a melhor pessoa para assumir essa responsabilidade.

Ao delegar, certifique-se de que as atividades sejam atribuídas às pessoas certas. Delegar uma tarefa importante a alguém sem as habilidades necessárias pode levar a resultados insatisfatórios. Você deseja incentivar sua equipe a superar desafios, mas não além de suas capacidades.

Muitas pessoas e organizações já passaram por sérios problemas ao delegarem uma tarefa crucial a alguém sem a habilidade necessária para executá-la corretamente. Lembre-se: *O desempenho passado é o melhor indicador de desempenho futuro.* Sempre delegue a tarefa a alguém que tenha a experiência e a competência para executá-la de forma rápida, eficiente e dentro do orçamento.

TERCEIRIZE A TAREFA

Um equívoco comum entre gestores é acreditar que toda tarefa precisa ser realizada *internamente*. Contudo, hoje em dia, existem empresas especializadas em áreas específicas, e você pode terceirizar uma tarefa para elas, a fim de conseguir resultados mais rápidos, melhores e mais econômicos do que se fosse realizada internamente.

TUDO COMEÇA COM PLANEJAMENTO

Talvez o maior benefício que você possa obter como gestor venha do planejamento. E todo bom planejamento começa de maneira simples – com papel e caneta, criando uma lista detalhada do que precisa ser feito, quando e como, antes de iniciar qualquer coisa. Portanto, antes de delegar uma tarefa ou trabalho, reserve um momento para refletir e fazer as perguntas certas que o ajudarão a decidir se e como isso deve ser feito.

- QUATRO -

O MODELO DE FÁBRICA NA GESTÃO

SUA FERRAMENTA MAIS VALIOSA para o sucesso é a capacidade de pensar com mais clareza do que outras pessoas. Quanto mais ferramentas mentais você tiver à disposição para auxiliar seu raciocínio, melhores serão as decisões que tomará e os resultados que alcançará.

O modelo de fábrica na gestão é uma ferramenta mental que pode ser utilizada para aumentar a eficácia nas atividades de delegação. A ideia de tal modelo é visualizar cada indivíduo e equipe como se fossem uma fábrica.

Uma fábrica possui certos insumos – matérias-primas, recursos, tempo, dinheiro, equipamentos. Dentro dela, são realizadas atividades de produção, que geram produtos específicos ou, como podemos chamar, *resultados*. A produtividade de uma fábrica é avaliada exclusivamente com base na qualidade e quantidade de seus resultados, e não em suas atividades.

IDENTIFIQUE OS RESULTADOS ESPERADOS

Ao pensar em sua unidade, departamento, empresa ou área de responsabilidade, visualize-a como uma fábrica e questione-se:

- Quais resultados são esperados de nós?
- O que devemos produzir?
- Por que existimos?
- O que fomos contratados para fazer?

A busca por níveis mais altos de produtividade sempre gira em torno do confronto entre atividades e realizações, tarefas ocupacionais e resultados. Muitas pessoas passam o dia ocupadas, mas produzem pouco porque não estão focadas em produtividade, desempenho e resultados.

ENXERGUE O INDIVÍDUO COMO UMA FÁBRICA

Ao observar as pessoas em sua organização, visualize-as como fábricas individuais. Seus principais insumos são tempo, recursos financeiros, habilidades e capacidades. Ao longo do dia, elas realizam atividades específicas e são responsáveis por produzir certos resultados. Elas são pagas justamente para entregar tais resultados.

Uma parte essencial da delegação é definir os resultados desejados e assegurar que as pessoas mantenham o foco nesses objetivos. Uma característica de gestores bem-sucedidos é a intensa orientação voltada para resultados. Em contraste, pessoas ineficazes tendem a se concentrar em atividades em vez de realizações.

PRATIQUE O PRINCÍPIO DA "ALAVANCAGEM GERENCIAL"

Existem certas estratégias que você pode adotar para multiplicar a produção de seu departamento ou área de responsabilidade. Esse princípio é conhecido como "alavancagem gerencial" – uma abordagem que permite alcançar resultados muito além da média. Sua função é usar seu tempo e recursos para obter o máximo de alavancagem possível.

Por exemplo, internalizar todo o processo de produção, sobre o qual você mantém o controle direto, pode melhorar a produtividade e reduzir os custos. Por outro lado, terceirizar parte do processo para especialistas que possam realizar o trabalho de forma mais rápida, eficiente e econômica também oferece uma alavancagem considerável. Alavancagem significa, basicamente, que você está aumentando a qualidade e a quantidade dos resultados obtidos em relação aos recursos empregados.

A delegação é uma ferramenta importante para a alavancagem gerencial, pois permite multiplicar seus resultados. Quando você instrui ou ensina outras pessoas a realizar tarefas, de modo que possam executá-las sozinhas, você duplica sua produção total, em vez de tentar fazer tudo por conta própria.

DECIDA MULTIPLICAR, NÃO DIVIDIR

A alavancagem gerencial também pode ter um efeito contrário. Imagine que um funcionário mediano, trabalhando em um ritmo normal, possa produzir dez unidades de trabalho por dia. Como gestor, você pode multiplicar essa produtividade ou, por conta de decisões equivocadas, reduzir esse nível de produtividade.

Suponha que esse funcionário esteja desperdiçando metade do dia de trabalho, como muitas vezes acontece. Uma delegação eficaz pode elevar sua produtividade em 50%, permitindo que ele produza até quinze unidades diárias.

Por outro lado, uma delegação confusa ou vaga pode diminuir essa produtividade para apenas cinco ou oito unidades. Quando as instruções não são claras, o funcionário perde tempo tentando entender o que se espera dele, o que acaba gerando confusão.

SEJA CLARO QUANDO DELEGAR UMA TAREFA

Quando as pessoas não têm clareza sobre o que você deseja, tendem a hesitar para evitar erros. Assim, acabam desperdiçando tempo, girando em círculos. Passam menos tempo produzindo e mais tempo em atividades sociais ou outras tarefas de baixo ou nenhum valor.

Como gestor, pergunte-se constantemente: Estou multiplicando o potencial do ambiente de trabalho e da minha equipe, ou estou dividindo-o? Em outras palavras, sua influência está tornando as pessoas mais produtivas, ou menos? Todos que respondem a você têm clareza absoluta sobre 1) o que precisam fazer, 2) o prazo para entrega e 3) o nível de qualidade esperado?

É ESSENCIAL QUE HAJA CLAREZA

Uma pesquisa da *Training Magazine* com profissionais de recursos humanos em todo o país revelou que o fator motivacional mais poderoso para os colaboradores é "saber o que se espera".

Ao serem questionados sobre os melhores chefes com quem já haviam trabalhado, os funcionários afirmaram repetidas vezes: "Sempre soube o que o chefe esperava de mim".

Quando as pessoas sabem exatamente o que precisam fazer – incluindo prazos, nível de qualidade e orçamento disponíveis –, podem trabalhar com mais qualidade e consistência. Assim, conseguem obter resultados que as fazem sentir-se realizadas e, ao mesmo tempo, fortalecem suas possibilidades de crescimento profissional.

O MAIOR DESMOTIVADOR

A mesma pesquisa revelou que a principal fonte de estresse, insatisfação e frustração no ambiente de trabalho é “não saber o que se espera”. Esse sentimento de incerteza é, em grande parte, resultado de uma delegação ineficaz por parte dos gestores.

A falta de clareza sobre as expectativas é a razão primordial para o baixo desempenho, desmotivação e, muitas vezes, até problemas de saúde entre os colaboradores, que se sentem irritados e frustrados. Como gestor, uma de suas responsabilidades é garantir que cada membro da equipe saiba o que é esperado e qual a ordem de prioridade dessas expectativas.

- CINCO -

DEFINA QUAIS SÃO AS ÁREAS-CHAVE DE RESULTADO

SUAS ÁREAS-CHAVE DE RESULTADO são aquelas atividades que você precisa realizar para cumprir suas responsabilidades e alcançar os objetivos do negócio. Em geral, cada cargo ou empresa possui de cinco a sete áreas-chave de resultado. Sua tarefa é identificar essas áreas em seu trabalho e desenvolver um plano para executá-las, a fim de se aprimorar em cada uma.

Comece perguntando a si mesmo: O que fui contratado para fazer? Pelo que sou pago?

Mais uma vez, pense em seu papel. Se você é responsável por uma unidade de negócios ou departamento, o que essa área precisa fazer para justificar sua existência? O que você e sua equipe precisam alcançar para cumprir suas responsabilidades com a empresa? Está claro para você qual é a resposta? A tendência de muitas pessoas é focar nas atividades do dia a dia, em vez dos resultados finais que se espera delas. É fácil se envolver nas tarefas do dia a dia e acabar perdendo de vista os resultados que realmente importam.

SEJA CLARO SOBRE SUAS ÁREAS-CHAVE DE RESULTADO

A melhor forma de focar em resultados, e não em atividades, é identificar suas áreas-chave de resultado e garantir que todos ao seu redor – superiores, colegas e subordinados – compreendam quais são essas áreas.

Uma área-chave de resultado possui três características:

1. **É clara, específica e mensurável.** É possível determinar exatamente se o resultado foi alcançado e com qual qualidade.

2. **Está totalmente sob seu controle.** Se você não o fizer, ninguém mais fará. Se você realizar essa tarefa, e fizer bem, ela pode agregar um valor significativo ao seu negócio e à sua carreira.

3. **É uma atividade essencial para o negócio.** Um resultado-chave é um produto importante que se torna um insumo para a próxima área de resultado ou para outra pessoa.

Por exemplo, no setor de vendas, uma área-chave de resultado é a prospecção – encontrar novos *prospects* qualificados e interessados para apresentar seu produto ou serviço. Identificar e contatar potenciais clientes é uma área-chave essencial para qualquer vendedor.

Uma vez que novos *prospects* tenham sido encontrados, a próxima área-chave de resultado é desenvolver confiança, empatia e credibilidade com eles, de modo que fiquem receptivos a aprender sobre seu produto ou serviço. Existem outras áreas-chave em vendas, cada uma seguindo a anterior e culminando em revendas e indicações de clientes satisfeitos.

Todos os cargos e empresas possuem áreas-chave de resultado. Sua tarefa é determinar quais são as suas, definir prazos e métricas de sucesso e concentrar-se nelas diariamente.

Para começar, faça uma lista das suas áreas-chave de resultado com base em perguntas como: "Pelo que sou pago? O que fui contratado para fazer?"

Leve essa lista ao seu chefe e peça que ele ou ela o ajude a definir prioridades. O que seu chefe considera mais e menos importante? No que acha que você deveria concentrar a maior parte do seu tempo? Como ele mede o seu sucesso no alcance dos resultados mais importantes para os quais você foi contratado?

ESTABELEÇA PRIORIDADES CLARAS

Problemas surgem devido a uma variedade de fatores. Primeiramente, tanto o funcionário quanto o chefe carecem de clareza sobre as áreas-chave de resultado e os resultados necessários para o sucesso da empresa ou do setor. Em segundo lugar, as pessoas não têm uma visão nítida a respeito das prioridades entre os principais resultados e, assim, distraem-se facilmente com atividades de baixo valor. Como disse o consultor de gestão Benjamin Tregoe: "O pior uso do tempo é fazer muito bem o que nem precisava ser feito".

A definição de áreas-chave de resultado é um fator determinante para a eficácia gerencial. Em geral, 80% do valor que você gera provém de apenas 20% das suas atividades. Em algumas funções, essa proporção é ainda mais concentrada, com 90% do valor vindo de apenas 10% do trabalho. Se você não conhece esses 10% ou 20% mais importantes, não poderá se destacar no desempenho. A tendência, então, será dedicar mais tempo a tarefas de menor valor.

Uma das melhores perguntas que você pode fazer a si mesmo é: "O que só eu posso fazer, que, se for bem feito, fará uma diferença real nos resultados?". Se você não fizer essa tarefa específica, ninguém poderá fazê-la em seu lugar, e a produtividade e o desempenho começarão a diminuir em seu departamento. Porém, se você a fizer, e fizer bem e rapidamente, isso poderá trazer uma diferença real para a produtividade e os resultados.

ENCONTRE AS PESSOAS CERTAS

Uma área-chave de resultado para qualquer gestor é o recrutamento e a formação de equipes – encontrar as pessoas certas para os cargos certos. Como Jim Collins escreveu em seu livro *Empresas feitas para vencer*, gestores de alto nível são aqueles que "colocam pessoas certas no ônibus, retiram as pessoas erradas e, então, posicionam as pessoas certas nos assentos corretos".

Como gestor, a sua habilidade de identificar as pessoas certas, entrevistá-las, selecioná-las com cuidado e colocá-las nas posições-chave sob sua responsabilidade é uma tarefa exclusiva sua. Se você não fizer isso, ou fizer de forma inadequada, ninguém poderá fazer por você ou corrigir o erro depois. Mas, se selecionar e organizar as pessoas certas para formar uma equipe de alto desempenho, você poderá fazer uma contribuição extraordinária para o sucesso do seu negócio.

RESULTADOS-CHAVE PARA OS COLABORADORES

Após responder à pergunta "Pelo que sou pago?", a próxima a considerar é: "Pelo que meus funcionários são pagos?".

Coloque tudo no papel. Faça uma lista de cada pessoa que se reporta a você. Em seguida, sob cada nome, liste os resultados-chave que cada colaborador foi contratado para alcançar, em ordem de importância, se possível. É surpreendente perceber como poucos gestores têm uma visão clara das responsabilidades mais importantes de cada pessoa sob sua supervisão.

AJUDE-OS A ALCANÇAR RESULTADOS IMPORTANTES

Você deve clareza aos seus colaboradores. Eles merecem a chance de alcançar níveis de excelência e desempenhar suas funções de maneira excepcional. Isso só é possível quando sabem exatamente quais são suas tarefas mais importantes e como seu desempenho será avaliado. Ao fornecer uma descrição clara de suas funções, acompanhada de critérios específicos de desempenho, você permite que se concentrem nos resultados mais importantes para eles e para a empresa.

Dê a eles uma meta a alcançar, um padrão pelo qual possam se guiar. Quando a equipe possui objetivos e prioridades claros, ela pode então se destacar e entregar os resultados de excelência de que você também precisa.

- SEIS -

DEFINA PADRÕES DE EXCELÊNCIA

SE VOCÊ DESEJA que sua equipe atinja altos níveis de desempenho, é essencial estabelecer padrões de excelência. Seus colaboradores precisam compreender exatamente pelo que são pagos, o que se espera que realizem e o que constitui um desempenho de excelência.

Cabe ao gestor determinar e definir o que representa um desempenho de excelência para cada cargo, estabelecendo isso como uma meta para que cada pessoa busque em sua área de responsabilidade. Executivos eficazes definem padrões de excelência tanto para suas empresas ou unidades quanto para cada tarefa que delegam e supervisionam.

Há uma diferença importante entre padrões de desempenho "ordinário" e "excelente". O padrão de desempenho ordinário representa o mínimo necessário para que os funcionários evitem o risco de serem rebaixados ou demitidos. Já o desempenho *excelente* é o que proporciona a eles segurança no emprego, além de posicioná-los para promoções e aumentos salariais.

Estabelecer padrões de excelência também é essencial para uma delegação eficiente. Quando você delega uma tarefa, precisa ter a confiança de que ela será realizada com o mais alto nível de qualidade e eficiência.

GESTÃO BASEADA EM MÉTRICAS

Atualmente, as palavras-chave mais valorizadas na gestão giram em torno da medição de desempenho. Empresários e intelectuais usam termos como *marca de referência*, *métricas*, *padrões* e *indicadores econômicos*. Cada um desses termos reflete a ideia de que todas as atividades empresariais podem ser medidas de alguma forma. Esse foco em uma gestão orientada por métricas é essencial para a melhoria contínua, tanto para o desenvolvimento individual quanto para o organizacional. Em mercados altamente competitivos, a decisão de medir cada atividade é fundamental para impulsionar vendas e lucratividade.

A regra é clara: "O que é medido, é feito". Essa é uma das regras mais importantes para a eficácia gerencial. Para estabelecer padrões de excelência, é necessário definir medidas em termos de tempo, dinheiro ou resultados. Felizmente, todas as atividades empresariais podem ser definidas em termos quantitativos ou numéricos. Se uma atividade não é medida de forma regular, não há como as pessoas saberem se estão fazendo um bom trabalho.

EXPONHA OS NÚMEROS

W. Edwards Deming, o guru da gestão de qualidade que ajudou a transformar o Japão do pós-guerra em uma potência econômica com produtos de altíssima qualidade, desenvolveu uma fórmula de 14 princípios para uma gestão de qualidade total. Um desses princípios era simples, mas poderoso: "expor os resultados".

Deming incentivava as empresas a descrever cada atividade em termos numéricos e exibir esses números em grandes quadros por toda a empresa, de forma que todos pudessem vê-los. Ele percebeu que, quanto mais as pessoas sabiam sobre seu próprio desempenho e sobre como isso era medido, mais criativas e determinadas elas se tornavam para melhorar esses indicadores.

COMPARE O DESEMPENHO DE FORMA REGULAR

Logo após estudar o trabalho de Deming, tive a oportunidade de colaborar com uma empresa imobiliária que contava com 32 corretores. Propus a criação de um grande quadro na sala de funcionários, exibindo o número de listagens e vendas de cada corretor, do maior faturamento no topo ao menor na base. Localizado em um ponto estratégico, o quadro era visto por todos os corretores diariamente. O efeito foi imediato e gerou uma competição dinâmica: Começaram a competir não por saltos drásticos, mas para superar a pessoa logo acima deles no ranking. E, naturalmente, os que estavam mais acima faziam o possível para manter sua posição.

A atualização semanal dos nomes e resultados criou uma competição que incentivava cada corretor a melhorar seu desempenho ou, no mínimo, evitar ser ultrapassado.

Em apenas um ano, essa filial imobiliária tornou-se a unidade de maior desempenho em uma cidade com outras 22 filiais da empresa. O simples ato de fornecer números e permitir que os corretores comparassem seus resultados com o dos colegas resultou em uma melhoria constante nas vendas.

COMPARAÇÕES TAMBÉM FUNCIONAM

Um dos meus clientes, uma empresa nacional com escritórios de vendas em quase todas as grandes cidades do país, implementou uma técnica simples de "comparação social". No início de cada mês, a empresa enviava a cada gestor um relatório de desempenho, classificando cada filial em termos de vendas, lucratividade geral e lucratividade média por representante, além de taxas médias de crescimento ou declínio, em comparação com as outras unidades.

Em pouco tempo, observou-se a mesma competição saudável vista na empresa imobiliária. Cada gestor, em todos os escritórios pelo país, passou a se concentrar em superar os resultados da filial logo acima no ranking. Em vez de tentar saltar da décima ou vigésima posição para a primeira, os gestores focavam em subir um nível por vez. Essa dinâmica levou a um aumento nos níveis gerais de vendas, filial por filial, beneficiando o desempenho da empresa como um todo e criando um ambiente de competição positiva.

BUSQUE A EXCELÊNCIA

Um desempenho excelente é motivador, enquanto um mediano, não. As pessoas raramente encontram satisfação em fazer um trabalho mediano. Se realizam um trabalho de baixa qualidade, sua autoestima tende a cair, levando à desmotivação. No entanto, quando produzem um trabalho excelente e são reconhecidas por isso, sua autoestima aumenta, e elas se sentem incentivadas a manter esse nível de qualidade.

Ao analisar as empresas que figuram nas pesquisas anuais de "Melhores empresas para trabalhar", percebe-se que todas estabelecem padrões de excelência em desempenho. Quando você dedica tempo para obter o consenso de seus colaboradores sobre suas áreas-chave de resultado (ver Capítulo 5) e sobre os padrões de desempenho pelos quais serão avaliados, você melhora tanto na capacidade de delegar quanto na gestão como um todo.

FAÇA COM QUE ELES SE SINTAM VENCEDORES

Em termos de motivação, o que as pessoas realmente desejam? A resposta é simples: Todos querem se sentir "vencedores". As pessoas querem se sentir bem consigo mesmas e desejam ser reconhecidas por aqueles ao redor como excelentes no que fazem.

A maneira de alcançar esse sentimento de vitória é vencer – cruzar a linha de chegada em primeiro lugar, alcançar padrões que os outros percebam e pelos quais sejam reconhecidos.

Isso é importante. Ao definir áreas-chave de resultado e padrões de excelência, você cria "linhas de chegada" para cada um dos seus colaboradores. Cada vez que iniciam e concluem uma tarefa com um alto padrão de desempenho, sentem-se vencedores. Sua autoestima aumenta, e eles se sentem mais competentes e capazes.

Existem cinco elementos principais para a motivação:

1. Metas, objetivos e áreas-chave de resultado claros.

2. Padrões de medida bem definidos.

3. Experiências de sucesso – a sensação e o fato de concluir uma tarefa com alto padrão.

4. Reconhecimento do chefe e dos colegas.

5. Recompensas ligadas ao excelente desempenho na tarefa.

Com essa fórmula simples – e com seu compromisso de fazer sua equipe se sentir vencedora –, você pode usar as ferramentas de áreas-chave de resultado e padrões de excelência para desenvolver indivíduos, formar equipes de alto desempenho e alcançar resultados extraordinários em sua função como gestor.

- SETE -

GESTÃO POR OBJETIVOS

A GESTÃO POR objetivos (MBO, do inglês *management by objectives*) é uma técnica de delegação que pode ser utilizada com colaboradores competentes, especialmente em projetos de médio a longo prazo. Essa técnica envolve reunir-se com o colaborador para definir objetivos realistas e mensuráveis para períodos de planejamento que podem variar de um a 12 meses.

O primeiro passo na gestão por objetivos é escolher a pessoa certa para liderar um projeto específico. Após isso, você se reúne com esse funcionário para juntos estabelecerem metas claras e prazos que devem ser cumpridos no próximo período de planejamento. Esse é um processo ativo e colaborativo que exige discussão e troca de ideias entre gestor e subordinado.

A DISCUSSÃO GERA COMPROMETIMENTO

Quanto mais o colaborador puder discutir o trabalho ou metas com o gestor, maior será seu comprometimento em cumprir a tarefa quando começar.

Parece haver uma relação direta entre diálogo e comprometimento. Como gestor, seu objetivo é que o colaborador assuma o projeto como uma responsabilidade pessoal, em vez de vê-lo apenas como uma tarefa delegada por você.

A gestão por objetivos (MBO) não é algo que se faz em cinco minutos; é um processo interativo que exige tempo até que ambos concordem em um conjunto claro de metas e objetivos, com prazos e métricas bem definidos.

CONCORDE SOBRE OS PASSOS A SEREM SEGUIDOS

Uma vez que os objetivos estejam claros, o próximo passo é alinhar-se ao plano ou às etapas necessárias para atingir a meta. O planejamento é um processo colaborativo entre gestor e subordinado, no qual ambos dedicam tempo suficiente para discutir e chegar a um acordo sobre como o objetivo será alcançado e quais etapas serão seguidas.

O tempo necessário para estabelecer objetivos claros e desenvolver um plano estará relacionado à experiência e competência do subordinado nessa área. Com pessoas que já completaram tarefas semelhantes com sucesso, a discussão pode ser bem breve. Você pode simplesmente dizer algo como: "É isso que precisa ser feito, até esta data. Alguma dúvida?". Normalmente, surgem algumas perguntas sobre prazos, cronogramas e orçamentos. Uma vez que essas questões sejam respondidas, você pode delegar a tarefa com tranquilidade, sabendo que a pessoa conseguirá completá-la de forma satisfatória mais uma vez.

AVALIE E COMPARE DE FORMA REGULAR

Depois de delegar uma tarefa, você deve monitorar e comparar os resultados conforme o que foi previamente acordado. Por exemplo, se você e o colaborador definiram um objetivo de alcançar certo nível de vendas nos próximos 12 meses, é importante revisar os resultados mensais e compará-los com os padrões e metas estabelecidos.

Sua eficiência como gestor aumenta à medida que você desenvolve funcionários competentes, capazes de assumir responsabilidades e cumprir tarefas sem precisar recorrer a você o tempo todo. A gestão por objetivos (MBO) é uma das maneiras mais rápidas e consistentes de construir confiança e competência em sua equipe. Comece com tarefas e responsabilidades menores, permitindo que cada colaborador as realize à sua maneira. Conforme completam essas tarefas menores, eles ganham capacidade e confiança para lidar com tarefas mais complexas.

Seu objetivo final é alcançar o ponto em que você possa delegar tarefas inteiras a outras pessoas.

VOCÊ PODE SE AUSENTAR?

Uma maneira de avaliar sua competência como gestor é perguntar-se: Por quanto tempo posso me ausentar do escritório sem que surjam problemas? Muitos gestores hesitam em tirar férias ou folgas por medo de que o desempenho da equipe desmorone em sua ausência.

Contudo, quando você pratica a gestão por objetivos e conta com colaboradores competentes e confiantes em suas habilidades, pode se ausentar por períodos mais longos com a tranquilidade de que seu departamento ou negócio continuará funcionando sem problemas. Após definir o que precisa ser feito, o prazo, os métodos e quando os resultados serão revisados, você pode delegar a tarefa e permitir que a equipe siga em frente.

A gestão por objetivos é uma ferramenta apropriada apenas para colaboradores experientes e competentes. Para aplicá-la com sucesso, os subordinados precisam receber a autoridade proporcional à responsabilidade atribuída – seja para alocar recursos, tomar decisões, utilizar materiais ou mobilizar outros serviços dentro da organização.

PRATIQUE A LIDERANÇA SITUACIONAL

Em seu trabalho sobre liderança situacional, Paul Hersey descreve as quatro fases de desenvolvimento de um colaborador. Cada pessoa começa em um novo cargo e, com o tempo, evolui e cresce por meio das quatro etapas: Instruir, motivar, delegar e, finalmente, participar.

Na *fase de instruir*, você fornece ao novo colaborador orientações específicas sobre o que precisa ser feito, como deve ser feito, quando e com qual padrão de qualidade. Em seguida, mede e monitora o progresso para garantir que ele esteja no caminho certo.

Na *fase de motivar*, você vai além da instrução e busca motivar e persuadir a pessoa a realizar a tarefa que você já descreveu claramente.

A *delegação* é uma etapa usada apenas com pessoas competentes, que já demonstraram capacidade para realizar o trabalho anteriormente. Na delegação, você e seu funcionário concordam sobre o que deve ser feito, quando e com qual padrão de qualidade. A partir daí, você faz o acompanhamento por meio de contatos e interações regulares para assegurar que tudo esteja dentro do cronograma.

A GESTÃO POR OBJETIVOS EXIGE PARTICIPAÇÃO

No mais alto nível de gestão, a prática é a participação, e é aqui que entra a Gestão por Objetivos (MBO). Esse estilo de gestão é ideal para pessoas competentes em quem você confia plenamente. Vocês se reúnem para discutir o trabalho a ser realizado, concordam sobre prazos e orçamentos e, então, você entrega a responsabilidade do trabalho a elas.

A etapa final da MBO é conceder aos colaboradores liberdade total para realizar a tarefa como quiserem. A sensação de autonomia, combinada com a responsabilidade de alcançar resultados, não só motiva o desempenho, mas também aumenta a confiança deles. Quanto mais você puder estruturar o ambiente de trabalho de modo que as pessoas tenham liberdade para trabalhar em direção aos objetivos previamente definidos, mais positivas e persistentes elas serão no cumprimento da tarefa.

- OITO -

AS TRÊS QUALIDADES DOS MELHORES CHEFES

PESQUISAS REALIZADAS com mais de 32 mil funcionários de 16 setores revelaram que, para seus subordinados, os melhores chefes possuem três qualidades importantes. Essas três qualidades ou características asseguram que qualquer tarefa ou responsabilidade delegada seja cumprida no prazo e com qualidade.

A primeira é *consideração*. Quando questionados sobre tal característica, os funcionários afirmaram: "Sempre senti que meu chefe se importava comigo como pessoa e me valorizava como profissional".

Você pratica a consideração quando demonstra um interesse genuíno pela vida, pelo trabalho e pela personalidade das pessoas com quem trabalha. Você faz perguntas sobre a família delas e suas relações fora do ambiente de trabalho; demonstra sensibilidade para perceber como podem estar se sentindo em um determinado dia; e está disposto a interromper uma discussão sobre o trabalho para saber mais sobre o que está acontecendo na vida pessoal de seu colaborador.

Quanto você sabe sobre a vida de seus colaboradores fora do ambiente de trabalho? Sabe se são casados, com quem, e quantos filhos têm? Conhece seus hobbies, o que gostam de fazer nos fins de semana e quais são suas maiores preocupações no momento?

QUEM VOCÊ CONHECE?

No final de um curso de seis semanas sobre desenvolvimento gerencial, os executivos e gestores participantes foram questionados: "Qual é o nome do zelador que limpa os corredores todos os dias enquanto vocês entram e saem desta sala?".

Nenhuma pessoa na turma soube responder. Passaram pelo zelador durante seis semanas sem nunca pensar em perguntar seu nome ou saber algo sobre ele.

O professor prosseguiu, dizendo: "O sucesso de seu negócio será determinado pelo tempo que você dedica a conhecer as pessoas que trabalham para você. É importante fazer perguntas sobre a vida delas e ouvir as respostas".

AS CRIANÇAS EM PRIMEIRO LUGAR

Em minha empresa, à medida que o negócio crescia, tínhamos quatro funcionárias casadas, todas as quais engravidaram e tiveram um ou mais filhos. Como minha esposa e eu temos quatro filhos e conhecemos bem as pressões e demandas que recaem sobre os pais ao criarem crianças pequenas, decidimos implementar uma nova política em nossa empresa: "As crianças vêm em primeiro lugar".

De acordo com essa política, sempre que algum dos filhos de nossos funcionários precisar de atenção, o funcionário é incentivado a atender à criança primeiro, deixando o trabalho em segundo plano. Isso significa que podem ficar em casa com uma criança doente, levar os filhos a consultas ou sair imediatamente se houver um problema na escola.

Também deixamos claro que não haveria deduções salariais nem exigências de compensação de horas. Tudo o que pedimos é que repassem suas responsabilidades imediatas para outra pessoa para que nossos clientes não fiquem sem assistência.

Essa política está em vigor há mais de 20 anos, e não tivemos problemas por causa dela. Na verdade, provavelmente conquistamos mais boa vontade, lealdade e cooperação de nossos funcionários, tanto os que têm filhos quanto os que não têm, do que com qualquer outra iniciativa que já implementamos.

A CLAREZA É O PRÓXIMO PASSO

A segunda qualidade dos melhores gestores é estabelecer tarefas claras, de modo que todos saibam exatamente o que se espera deles (como discutimos no capítulo anterior sobre gestão por objetivos). Os melhores chefes são aqueles que têm total clareza sobre o que precisa ser feito, por quem deve ser feito e com qual nível de qualidade.

Se colocarmos a consideração no eixo X e a clareza no eixo Y de um gráfico (como mostrado abaixo) e dividirmos o gráfico em quatro quadrantes, com baixa a alta consideração em um eixo e baixa a alta clareza no outro, teremos quatro tipos diferentes de chefes. O primeiro tipo são aqueles com baixa consideração e baixa clareza de tarefas. São chefes confusos e indecisos, que tornam praticamente impossível o alcance de altos padrões de desempenho.

O segundo quadrante reúne aqueles com alta consideração e baixa clareza de tarefas. São chefes muito considerados e amigáveis, mas vagos e imprecisos quanto às tarefas e à estrutura do trabalho. Costumam ser ineficazes, e suas equipes tendem a apresentar desempenho baixo.

No próximo quadrante estão aqueles com baixa consideração e alta clareza de tarefas. São chefes focados em tarefas, que não dão muita atenção às suas equipes e raramente fazem perguntas sobre a vida pessoal de seus colaboradores. Esse tipo de chefe pode ser eficaz em ambientes de trabalho muito exigentes e dinâmicos, mas, como as pessoas são emocionais, eventualmente se sentirão insatisfeitas quando perceberem que seu chefe, a figura mais importante em sua vida profissional, não se importa realmente com elas.

O quarto quadrante é formado por aqueles com alta consideração e alta clareza de tarefas. São chefes que demonstram alta consideração e clareza nas tarefas que cada pessoa precisa realizar. Esses são o que chamamos de chefes "10/10": Eles pontuam 10 nas duas qualidades essenciais para a excelência em gestão.

Sua função é equilibrar essas duas sensibilidades: Demonstrar cuidado com sua equipe, interessando-se por suas vidas fora do trabalho, e oferecer orientações claras sobre o que deve ser realizado. Esse equilíbrio deve ser uma tarefa contínua.

DAR LIBERDADE

A terceira qualidade dos melhores gestores é conceder uma liberdade considerável para que os colaboradores realizem seu trabalho da forma que considerem mais adequada. Como Confúcio disse: "Os melhores líderes são aqueles que, ao término do trabalho, fazem com que as pessoas digam: 'Nós mesmos o fizemos'".

Os funcionários descrevem os melhores chefes como aqueles que lhes deram espaço para executar as tarefas de maneira autônoma. Depois de atribuir e delegar uma tarefa, o gestor se afasta, oferecendo ao colaborador liberdade para decidir o melhor caminho para alcançar o objetivo.

As pessoas costumam estar mais satisfeitas no trabalho – e você provavelmente sabe disso por experiência própria – quando têm autonomia para decidir como trabalhar. Isso não significa sobrecarregar os colaboradores com responsabilidades acima de seu nível de competência, mas definir a tarefa com clareza e, em seguida, dar-lhes liberdade para executá-la como quiserem, sem microgerenciamento ou pressão excessiva sobre métodos e tempos.

Então, ao atribuir uma tarefa, quanta liberdade você concede aos seus colaboradores para que realizem o trabalho por conta própria?

DECIDA MELHORAR NAS TRÊS ÁREAS

Decida hoje melhorar a forma como expressa cuidado e consideração por cada um de seus funcionários. Esforce-se para deixar clara a estrutura das tarefas e do trabalho a ser realizado. Depois, dê a cada pessoa o máximo de autonomia para ela executar o trabalho como achar melhor.

Assim como a gestão por objetivos (MBO) desenvolve confiança e competência nos subordinados, os melhores chefes também fazem isso. Eles conseguem oferecer dias, ou até semanas, de autonomia em projetos específicos, sem precisar intervir, pois confiam que o trabalho será concluído com excelência, dentro do prazo e do orçamento.

- NOVE -

AS SETE HABILIDADES--CHAVE PARA UMA DELEGAÇÃO EFICAZ

O OBJETIVO deste livro é capacitá-lo com as habilidades necessárias para que você se torne excepcional na delegação de tarefas ao longo de sua carreira. Embora existam centenas, senão milhares, de livros, artigos e cursos sobre este tema, muitas das ideias que são ensinadas podem ser resumidas em sete habilidades-chave.

ASSOCIE A PESSOA CERTA À TAREFA

A primeira habilidade para uma delegação eficaz é alinhar a tarefa às habilidades, capacidades e nível de motivação do subordinado. Isso não impede que você atribua tarefas mais desafiadoras do que as habituais, mas é importante evitar responsabilidades que sejam excessivamente difíceis ou além das habilidades atuais da pessoa, a ponto de reduzir as chances de sucesso.

Manter uma pessoa incompetente em uma posição-chave por muito tempo, mesmo após ficar evidente que ela não é adequada à função, é uma das principais razões para o fracasso de muitas empresas. Nesses casos, o chefe ou CEO muitas vezes escolhe e atribui a pessoa errada a um cargo. Em seguida, por questões de ego, a pessoa que fez a delegação não está disposta a admitir o erro, mesmo quando fica evidente que o indivíduo não tem competência suficiente para desempenhar a função.

É impressionante quantas empresas sofrem perdas substanciais, e até falências, porque o conselho de administração designou um CEO claramente inadequado para o cargo. Esse CEO ou executivo pode ter sido excelente em uma posição anterior, em outra empresa ou em um setor diferente, mas, nesta situação específica, não consegue alcançar os resultados exigidos.

DELEGUE DE FORMA GRADUAL

A segunda habilidade-chave é delegar de forma gradual, a fim de gerar confiança em um novo colaborador. De fato, o ideal é começar atribuindo várias pequenas tarefas logo no início. Porém, no caso de tarefas mais importantes e complexas, a delegação precisa ser feita progressivamente. Permita que o colaborador demonstre, ao longo do tempo, sua capacidade de lidar com responsabilidades cada vez maiores. Caso contrário, pessoas menos experientes ou competentes podem sentir-se sobrecarregadas, o que pode gerar muito mais problemas do que soluções.

DELEGUE A TAREFA INTEIRA

A terceira habilidade-chave é delegar a tarefa inteira. Um dos maiores motivadores no ambiente de trabalho é ter responsabilidade total sobre uma tarefa, do início ao fim. Quando um colaborador é 100%

responsável pela conclusão de algo, sua confiança, competência e autoestima aumentam.

Independentemente da posição, cada colaborador deve ter pelo menos uma função que seja inteiramente sua – algo pelo qual ele seja o único responsável. Se ele não realizar essa tarefa, ninguém mais o fará.

Um erro comum em muitas empresas é atribuir a mesma tarefa a duas ou mais pessoas, na esperança de que, se uma estiver ocupada ou indisponível, a outra assumirá. Na prática, isso leva ao "trabalho órfão", uma vez que nenhuma das pessoas se sente realmente responsável. Para evitar tal problema, é importante designar *uma única pessoa* como responsável pela conclusão bem-sucedida da tarefa, deixando claro que pessoas em posições de apoio podem intervir apenas quando a principal não estiver disponível ou não for capaz de realizar a tarefa. No entanto, somente uma pessoa deve *assumir o controle total* da função.

Deixe claro para seus colaboradores quando eles são totalmente responsáveis por uma tarefa importante. Quando os funcionários sentem um senso de propriedade e empoderamento pessoal, demonstram maior lealdade, comprometimento e dedicação à organização.

DELEGUE RESULTADOS ESPECÍFICOS

A quarta habilidade-chave é delegar com foco em resultados específicos. Ajude seus colaboradores a terem total clareza sobre os resultados esperados na conclusão de uma tarefa, em vez de se concentrarem apenas nas atividades que precisam realizar diariamente.

Lembre seus colaboradores do que eles foram contratados para *alcançar*. Para formar pessoas de alto desempenho em sua empresa, é preciso mantê-las sempre focadas em alcançar resultados. Quanto mais específicos e mensuráveis forem os resultados que os colaboradores podem alcançar em seu trabalho, mais felizes e motivados eles se sentirão. Isso os fará sentir "vencedores".

INCENTIVE A PARTICIPAÇÃO E DISCUSSÃO

A quinta habilidade-chave é promover participação e discussão. Lembre-se de que existe uma relação direta entre diálogo e comprometimento. Quando os colaboradores têm acesso ao gestor e podem conversar sobre a tarefa, tornam-se mais comprometidos em realizar o trabalho da melhor maneira possível. Quanto mais debatem a tarefa com o chefe, mais *assimilam* a responsabilidade e se apropriam do sucesso na execução.

Se você simplesmente disser às pessoas o que fazer e voltar ao seu trabalho, elas provavelmente não demonstrarão muito comprometimento. Mas, ao incluí-las na discussão da tarefa e no desenvolvimento de um plano, você assegura que se comprometam em realizar o trabalho com qualidade. Quando você explica claramente o porquê, o processo e os padrões exigidos, além de abrir espaço para comentários e perguntas, as pessoas saem com o sentimento de que a tarefa delas, e elas estão no comando e no controle.

DELEGUE AUTORIDADE E RESPONSABILIDADE

O sexto elemento-chave é delegar autoridade proporcional às responsabilidades da tarefa. Se for uma atribuição significativa, informe ao colaborador quanto tempo terá, quem mais poderá consultar para obter ajuda e quais recursos estarão disponíveis para realizar o trabalho. Esclareça também o orçamento que poderá utilizar.

Um erro comum entre gestores é *subestimar* as necessidades dos colaboradores para executar uma tarefa de forma adequada, dentro do prazo e do orçamento. Muitas vezes, gestores calculam mal o tempo necessário ou os custos das atividades.

O próprio processo de delegação pode ajudar a evitar esses erros. Quando gestores discutem a tarefa com seus subordinados, geralmente percebem o quanto de tempo e recursos financeiros são realmente necessários. Essas conversas também permitem avaliar a importância da tarefa em relação a outras prioridades em andamento.

PERMITA QUE A PESSOA TRABALHE SOZINHA

A sétima e última habilidade-chave para uma delegação eficaz é que, uma vez delegada a tarefa, deixe o funcionário trabalhar sozinho. Dê a ele 100% de responsabilidade pela tarefa e resista à tentação de reassumir o controle.

Você pode, sem perceber, "assumir de volta" a tarefa ao monitorar excessivamente o progresso, solicitar *feedbacks* constantes e sugerir mudanças nos processos ou procedimentos. Alguns gestores têm o péssimo hábito de reassumir atividades após delegá-las, o que faz com que os colaboradores sintam que a responsabilidade não é mais deles.

Sua capacidade de delegar e garantir que o colaborador execute a tarefa é o principal determinante do seu sucesso como gestor. Com a delegação eficaz, seu potencial é ilimitado. Sem a capacidade de delegar, você terá que fazer tudo sozinho.

- DEZ -

GERENCIE POR EXCEÇÃO

O RECURSO MAIS PRECIOSO que você possui é o seu tempo. Se você é como a maioria dos gestores, provavelmente está sobrecarregado com muitas tarefas e pouco tempo para realizá-las. A cada hora, surgem mais responsabilidades, como uma linha de produção desregulada que você não consegue parar ou desligar.

Para alcançar seu pleno potencial, é essencial adotar técnicas que permitam realizar mais em menos tempo. Uma das mais eficientes é a "gestão por exceção".

Na prática da gestão, seu papel é realizar as coisas por meio de outras pessoas. Você analisa a tarefa, delega à pessoa certa e, em seguida, supervisiona e monitora para garantir que tudo seja concluído no prazo.

REDUZA O TEMPO DE GESTÃO

Com a gestão por exceção, você pode minimizar o monitoramento, controle e relatórios associados a qualquer tarefa delegada. Depois de definir claramente a tarefa, quando e como ela deve ser feita, além de como será avaliada, você a atribui a um colaborador e solicita que ele retorne a você apenas em um caso de problema, atraso ou dificuldade de qualquer tipo.

Deixe claro que, se tudo estiver dentro do cronograma e orçamento, nenhum relatório será necessário. O subordinado tem liberdade para trabalhar. Seu lema é: "Nenhuma notícia é uma boa notícia".

A gestão por exceção (MBE, do inglês *management by exception*) é uma ferramenta poderosa para economizar tempo; e sua aplicação é simples. Você diz algo como: "Se tudo estiver indo bem e dentro do cronograma, não há necessidade de me atualizar o tempo todo. Apenas me mantenha informado por e-mail uma vez ou outra; fora isso, deixarei a tarefa completamente sob sua responsabilidade".

DEFINA METAS FINANCEIRAS

Por exemplo, se a intenção for vender $1,2 milhão em produtos ao longo de 12 meses, isso equivale a $100 mil em vendas por mês. Se as vendas se mantiverem em $100 mil ou mais por mês, não há necessidade de relatar nada. No entanto, se caírem para $80 mil ou mesmo $90 mil, isso representa uma variação no padrão acordado e precisa ser reportado à pessoa que é, em última instância, responsável pelos resultados de vendas.

FAÇA PLANOS E ESTABELEÇA AGENDAS

Muitas vezes, você enfrentará situações em que será necessário confirmar um horário, local ou data para uma reunião, ou acompanhar a conclusão de uma tarefa. Nessas circunstâncias, a gestão por exceção pode ser uma boa solução. Por exemplo, você pode dizer:

"Vamos agendar uma conversa por telefone na quinta-feira, às 15h. Se, por qualquer motivo, não for possível manter esse compromisso, um de nós entra em contato com o outro. Caso contrário, falaremos na quinta-feira às 15h, certo?".

Em vez de realizar checagens frequentes, estabeleça um horário ou resultado específico e sugira que a gestão por exceção seja aplicada. Diga: "Entrarei em contato com você, ou você poderá me ligar apenas se houver alguma mudança ao que já foi combinado".

A GESTÃO POR EXCEÇÃO FUNCIONA NA MAIORIA DOS CASOS

É impressionante constatar que, ao adotar a gestão por exceção, em 90% dos casos, nenhum contato ou comunicação adicional é necessário, pois tudo ocorre conforme o planejado. Como palestrante profissional e líder de seminários, tive a oportunidade de realizar eventos em 61 países. Viajar para tantos lugares e abordar uma grande variedade de temas exige um alto nível de coordenação, em especial na logística de voos que me levem ao destino no horário certo.

Em cada caso, planejo uma margem de segurança em termos de tempo, mas sempre asseguro aos meus clientes que não precisam se preocupar. Garanto que, se houver qualquer desvio no cronograma de chegada, informarei com antecedência – e cumpro essa promessa. Ao aplicar a gestão por exceção, consigo trabalhar de forma eficiente e tranquila com dezenas de clientes em dezenas de cidades ao redor do mundo todos os anos.

- ONZE -

ENXERGUE--SE COMO UM PROFESSOR

UMA DAS RESPONSABILIDADES mais importantes de um gestor é ensinar seus colaboradores a desempenhar suas funções, utilizando a delegação como uma ferramenta de ensino.

Quando fui promovido à gestão pela primeira vez, devido ao meu bom desempenho como funcionário, deparei-me com uma situação comum: Pessoas me perguntando o tempo todo como executar determinadas tarefas.

Muitas eram recém-formadas, enquanto outras já haviam acumulado anos de experiência no mundo dos negócios. No entanto, ao me sentar com elas para delegar uma tarefa, frequentemente percebia olhares confusos ou até mesmo expressões de desconforto e nervosismo. Com o tempo, compreendi que essa insegurança tinha uma origem simples: Elas não sabiam exatamente como executar o que eu estava pedindo.

MINHA FALHA EM COMPREENDER A GESTÃO

É óbvio que isso me deixava irritado. Como havia crescido na carreira de forma independente e aprendido quase todas as minhas habilidades por meio de estudo e prática, imaginei que as outras pessoas sabiam as mesmas coisas que eu. Foi algo revelador entender que minha promoção ocorreu por eu já ter dominado diversas tarefas, simples e complexas, e que o motivo pelo qual os outros eram meus subordinados era porque ainda não tinham aprendido essas mesmas tarefas.

SEU TRABALHO É ENSINAR

Foi nesse momento que entendi que uma das minhas responsabilidades era preparar a próxima geração de funcionários e potenciais gestores, que naquele momento eram meus subordinados. A maioria dos colaboradores, em especial os mais jovens, precisa de orientação para aprender a executar suas funções da maneira correta, compreendendo os processos e procedimentos adequados. Ensinar não era uma distração ou questão secundária; era, na verdade, essencial para liberar meu tempo para atividades de maior relevância e valor, enquanto delegava aos subordinados as tarefas de menor relevância que eu já dominava.

Reserve um tempo para explicar o seu método de trabalho preferido. Por exemplo, se for pedir a alguém para fazer algo, diga: "Com base na minha experiência, esta é a melhor maneira de realizar essa tarefa. Você começa aqui, depois faz isso e aquilo, e fique atento a esse problema específico que pode surgir". É assim que você ensina e desenvolve pessoas para o futuro.

NUNCA SUPONHA QUE AS PESSOAS JÁ SAIBAM

Nunca presuma que seus subordinados sabem o que você sabe. Certa vez, após três entrevistas, contratei um homem trabalhador que, inclusive, havia obtido um MBA[1] em uma universidade renomada. No segundo ou terceiro dia de trabalho, passei para ele um arquivo sobre uma propriedade e solicitei que preparasse uma "proforma" para mim.

Depois de mais de uma semana (e após ter repetido meu pedido várias vezes), esse novo funcionário admitiu que não fazia ideia do que era proforma. Mal dava para acreditar. Uma proforma é um documento básico que apresenta todas as receitas disponíveis de um projeto, deduz todos os custos e chega a um lucro ou taxa de retorno sobre o investimento total, com datas e cronogramas incluídos. No entanto, esse homem, mesmo com um MBA, não fazia ideia do que era, nem de como começar, e sequer onde buscar as informações necessárias, seja em um livro, glossário ou na internet.

SEJA CLARO E ESPECÍFICO

Explique aos funcionários o que você quer que façam e por quê. Se as pessoas entendem suas preferências, os motivos por trás delas, e conhecem os pontos fortes e fracos de seus métodos, não apenas

---

[1] N. T.: O MBA (Master of Business Administration) é um título acadêmico de pós-graduação voltado para profissionais que buscam desenvolver habilidades em gestão empresarial e liderança. O programa de MBA oferece uma formação aprofundada nas áreas de administração, finanças, marketing, estratégia e recursos humanos, entre outras, com foco no desenvolvimento de competências gerenciais para atuar em contextos corporativos.

têm mais chances de realizar o trabalho de maneira mais rápida, mas também são mais capazes de identificar desvios e sugerir melhorias que talvez você não tenha considerado desde a última vez que realizou aquela tarefa.

Como professor, seja paciente, solidário e encorajador. Lembre-se de que aprender e internalizar novas informações leva tempo. A maioria das pessoas aprende por meio de diálogos ou *discussões* sobre a questão. Se alguém fizer muitas perguntas e voltar várias vezes para esclarecer dúvidas, evite demonstrar impaciência. A impaciência apenas desencorajará seus colaboradores; como consequência, eles evitarão fazer perguntas e não obterão as respostas que precisam, o que pode levar a erros custosos.

INCENTIVE PERGUNTAS E DÊ *FEEDBACK*

Se você inibir seus colaboradores de fazerem perguntas, eles tentarão realizar as tarefas por conta própria, na tentativa de agradá-lo. Muitas vezes, isso levará a erros que custarão muito mais tempo e dinheiro do que se você tivesse dedicado um tempo para explicar a tarefa desde o início.

Motive seus colaboradores a fazerem perguntas e ofereça *feedback*. Diga: "Se tiverem dúvidas, falem comigo. Se encontrarem problemas, estou à disposição". Incentive-os a pedir conselhos e esclarecimentos regularmente. Se tiver dúvidas sobre a capacidade de alguém realizar a tarefa, estabeleça um cronograma de monitoramento e relatórios, no qual você se reúne para revisar o progresso semanalmente ou, se a tarefa for realmente importante, até diariamente.

Ensinar as pessoas a realizar tarefas específicas é uma forma eficiente de multiplicar sua produtividade. Depois de ensinar alguém a executar uma nova tarefa do jeito certo, você poderá delegá-la com segurança e voltar sua atenção para questões mais importantes.

- DOZE -

GERE CONFIANÇA EM SUA EQUIPE

A QUALIDADE MAIS importante para a felicidade e alto desempenho é a autoconfiança. É natural que nos sintamos um pouco inseguros ao começar uma nova tarefa ou empreendimento. A função do gestor é minimizar o medo e maximizar a motivação.

Uma das melhores formas de gerar autoconfiança em seus colaboradores é demonstrar expectativas boas em relação a eles. Expectativas otimistas são um fator crucial para fortalecer a confiança e, possivelmente, o melhor estímulo para o desempenho humano.

ESPERE O MELHOR

A Teoria da Expectativa diz o seguinte: "O que você espera, com confiança, torna-se sua própria profecia autorrealizável".

Na infância, as expectativas de nossos pais têm um impacto profundo em nosso comportamento e na construção de nossa identidade como adultos. Quando os pais expressam expectativas boas sobre a capacidade de seus filhos de ter sucesso – como tirar boas notas e ir bem em esportes – geralmente veem seus filhos corresponderem a essas expectativas.

Conforme crescemos, as expectativas de nossos irmãos e amigos também exercem uma influência considerável sobre nós. Jovens que crescem em ambientes onde são incentivados e rodeados de altas expectativas demonstram um desempenho superior e alcançam maior sucesso, diferente daqueles que são criados em contextos marcados por críticas ou desmotivação.

Como pais, as expectativas que temos em relação aos nossos filhos desempenham um papel vital na formação de quem eles se tornarão como adultos. Os melhores pais sempre expressam expectativas boas para seus filhos em todas as áreas.

O CHEFE COMO FIGURA PARENTAL

No ambiente de trabalho, o chefe assume um papel semelhante ao de uma figura parental. Suas expectativas exercem uma influência considerável sobre cada funcionário. Para o bem ou para o mal, as pessoas tendem a atender, ou até superar, às nossas expectativas em relação a elas e ao seu desempenho. As expectativas que você tem de seus colaboradores, assim como as que seu chefe tem de você, influenciam de maneira significativa quão bem desempenhamos nossas funções.

Sempre expresse confiança em sua equipe. Diga coisas como: “Sei que você pode fazer um ótimo trabalho. Confio em você. Acredito em você e em suas habilidades".

Mesmo que, no fundo, você tenha dúvidas sobre o colaborador, expresse sua confiança. Assim, perceberá que farão tudo o que for possível para provar que você está certo. Por essa razão, demonstre confiança e expresse expectativas construtivas para sua equipe.

ESTABELEÇA PADRÕES ALTOS PARA SEUS FUNCIONÁRIOS

Além de demonstrar que acredita na capacidade de sua equipe de realizar um bom trabalho, incentive seus funcionários a procurarem-no sempre que precisarem de conselhos ou orientações. Deixe claro que você está disponível para ajudá-los a superar quaisquer dificuldades.

Quais são as expectativas que você tem para cada membro da sua equipe? Mesmo sem verbalizá-las, elas podem ser percebidas por cada colaborador. Por isso, ao delegar uma tarefa ou responsabilidade, expresse confiança na habilidade da pessoa de executar bem a tarefa. Encoraje-a e seja otimista em suas palavras para que ela realize o trabalho da melhor forma possível.

DESENVOLVA SUA EQUIPE

A regra é simples: Sempre "espere o melhor". É possível desenvolver certas características e habilidades em alguém ao enfatizar quão capaz essa pessoa é e compartilhar expectativas claras de que ela coloque tais qualidades em prática. Como Churchill uma vez disse: "Se você deseja influenciar alguém, atribua a ele uma qualidade que ele não possui, e ele fará de tudo para provar que você está certo".

Acima de tudo, sempre espere o melhor de si mesmo. Lembre-se de que você sempre corresponderá às suas próprias expectativas. Seu desempenho nunca será maior do que as expectativas que você tem de *si mesmo*. Continue elevando seus próprios padrões.

- TREZE -

DELEGUE A TOMADA DE DECISÕES

A ÚNICA FORMA de desenvolver sabedoria, discernimento e visão em seus subordinados é confiar a eles a responsabilidade pela tomada de decisões e resolução de problemas. Contudo, essa é uma das tarefas mais difíceis para um gestor. Normalmente, gestores consideram que sua principal função é resolver problemas e tomar decisões – e, de fato, o é. Mas delegar essas tarefas, mesmo diante do risco de erros, é essencial para estimular a autoconfiança e autonomia da sua equipe.

Delegar a tomada de decisões é uma poderosa ferramenta para motivar e desenvolver pessoas. Sempre que possível, use essa estratégia. Quando seus funcionários vierem até você em busca de uma decisão, devolva a responsabilidade a eles sempre que for viável. Em vez de dizer o que fazer, pergunte: "O que *você* acha que deveríamos fazer?".

FAÇA COM QUE SEJAM RESPONSÁVEIS

Quando alguém trouxer um problema até você, diga: "Você é responsável. Resolva a questão". Pessoas bem-sucedidas, em qualquer área, possuem uma forte mentalidade voltada para soluções. Elas direcionam seus esforços para encontrar respostas, analisam as possibilidades e se concentram em soluções. Como resultado, tornam-se cada vez melhores em resolver os problemas da vida empresarial cotidiana e em criar boas soluções.

Às vezes, em palestras, pergunto ao meu público empresariai: "Alguém aqui tem problemas?".

Todas as mãos na sala se levantam. Então, respondo: "Exatamente. Todos nós temos problemas. Eles chegam como as ondas do oceano, continuamente e sem interrupções. A questão é: Quão bom você é em resolver os problemas do dia a dia?".

Você só terá pausa no fluxo contínuo de problemas em sua vida com a chegada de uma *crise*. Especialistas apontam que elas surgem, em média, a cada dois ou três meses. Essas situações podem ameaçar sua estabilidade – seja no negócio, na vida pessoal, na saúde ou em relações familiares – se não forem bem tratadas. Portanto, a vida nada mais é do que uma sequência ininterrupta de problemas e crises.

PROBLEMAS PODEM SER OPORTUNIDADES

Uma meta não alcançada é um problema que ainda não foi resolvido. Uma cota de vendas não atingida representa um desafio a ser superado. Conflitos com um membro da equipe ou um colega de trabalho são simplesmente problemas que você precisa enfrentar.

A boa notícia é que sua capacidade para resolver essas questões do dia a dia é o que determina seu sucesso, progresso e oportunidades de crescimento profissional. Quando você demonstrar competência, conhecimento e equilíbrio na resolução de problemas, será promovido e precisará lidar com problemas e situações ainda mais complexos. Como Henry Kissinger observou: “A única recompensa por resolver problemas é receber problemas ainda maiores para resolver”.

TORNE-SE CADA VEZ MAIS COMPETENTE

Pessoas de alto desempenho estão sempre pensando em soluções – o que podem fazer para resolver o problema, remover o obstáculo e alcançar o objetivo. Por outro lado, pessoas de desempenho médio tendem a procurar culpados, o que as deixa frustradas e prejudica sua eficácia.

Colin Powell afirmou: “Liderar significa resolver problemas”. Da mesma forma, o sucesso está ligado à capacidade de solucionar problemas. Em vez de se irritar ou culpar os outros quando algo dá errado, enxergue cada situação como uma oportunidade para crescer e se desenvolver como gestor e líder.

O mesmo vale para seus funcionários. A melhor forma de ajudá-los a se tornarem mais competentes, confiantes e valiosos é dar a eles problemas para resolver, enquanto oferece o suporte para se desenvolverem nesse processo. Quanto mais autônomos eles forem em lidar com questões complexas, menos problemas você terá que gerenciar diretamente.

Uma de suas principais funções como gestor é ensinar aos seus colaboradores que a habilidade de resolver problemas é a chave para o futuro deles. Seja um exemplo. Evite discussões sobre o passado, erros cometidos ou quem deve ser responsabilizado. Concentre-se no futuro: Nas soluções possíveis e nas ações que podem ser tomadas para resolver a questão ou minimizar os danos. É esse tipo de pensamento que leva a um alto desempenho, tanto individualmente quanto como parte de uma organização.

O PROCESSO DE RESOLUÇÃO DE PROBLEMAS

De agora em diante, antes de as pessoas trazerem um problema até você, exija que sigam um processo de quatro etapas para resolução de problemas e tomada de decisões. Muitos executivos utilizam tal processo para reduzir o número de problemas que chegam até eles.

1. *Escreva o problema.* Peça que os colaboradores definam, por escrito, o problema ou a decisão que precisa ser tomada antes de procurarem você.

   Em geral, metade do tempo de uma discussão para resolver problemas é gasto tentando compreender o que, de fato, é o problema. Muitas conversas tornam-se improdutivas porque não há consenso sobre qual é o obstáculo ou a dificuldade em questão. Quando você insistir que as pessoas escrevam o problema a ser resolvido antes de qualquer coisa, ficará surpreso ao perceber que, na maioria dos casos, elas nem precisarão vir até você. A solução se torna evidente assim que o problema é definido. Na medicina, costumam dizer: "Um diagnóstico preciso é metade da cura".

2. *Identifique as causas.* Peça aos seus colaboradores que identifiquem as causas do problema. Pergunte por que e como esse problema surgiu. Lembre-se de que isso deve ser feito por escrito, de preferência na

forma de uma lista organizada. Quanto maior for a clareza a respeito das causas do problema, mais fácil será encontrar uma solução.

3. *Identifique as possíveis soluções.* Incentive os membros da sua equipe a identificar todas as possíveis soluções para o problema, assim como os caminhos alternativos que podem ser seguidos. Quanto mais soluções forem exploradas, maior será a chance de encontrar a abordagem correta ou uma combinação eficaz de estratégias. Como regra geral, desconfie de problemas para os quais existe apenas uma solução certa.

4. *Tome uma decisão.* Peça aos colaboradores que escolham a solução que consideram ser a melhor para a situação e expliquem sua escolha. Quais razões apresentam para selecionar essa solução em vez de outra?

Somente após os membros da equipe passarem por essas quatro etapas do processo de resolução de problemas é que devem vir até você para pedir seu *feedback* e orientação.

Gestores que implementam esse processo simples ficam surpresos ao descobrir que conseguem reduzir em mais de 75% o tempo gasto em discussões sobre problemas com a equipe. As pessoas começam a desenvolver suas próprias ideias, pensar em soluções e resolver questões sem depender do chefe.

Esse processo de quatro etapas também pode ser aplicado por você como gestor. Sempre que enfrentar um problema, primeiro defina-o de forma clara. Em seguida, identifique as causas. Depois, desenvolva diversas soluções possíveis e, por fim, decida qual dessas soluções é a melhor, considerando todos os fatores.

\- CATORZE -

INSPECIONE O QUE VOCÊ ESPERA

SE UMA TAREFA é importante o suficiente para ser delegada, também é importante o suficiente para ser inspecionada. A inspeção regular é necessária para manter o controle sobre as tarefas que você delegou. Não se trata de supervisionar cada detalhe, ou vigiar a pessoa responsável, mas estabelecer momentos específicos para monitorar e discutir o progresso com o colaborador que recebeu a tarefa.

Ao acompanhar de perto um trabalho que você delegou, você comunica ao colaborador que essa tarefa é *importante*, o que, por consequência, reforça que ele também é. O funcionário entende que está desempenhando um papel significativo e, portanto, é útil. Quando os membros da equipe percebem que o trabalho que estão realizando é relevante o suficiente para ser acompanhado de forma regular, sentem-se mais valorizados e reconhecidos como indivíduos.

Por você demonstrar interesse na tarefa e no progresso dela, os colaboradores se sentirão motivados a fazer um trabalho ainda melhor e a completar a tarefa com mais rapidez do que fariam se você apenas a delegasse e não acompanhasse mais.

VOCÊ É RESPONSÁVEL

Delegar não é abdicar. Mesmo que tenha delegado uma tarefa a um subordinado, você continua sendo responsável perante seus superiores pelos resultados. Se você não inspecionar o trabalho que delegou, na verdade estará abdicando da tarefa. Isso significa que estará se isentando de uma responsabilidade – algo que, de fato, não pode ser feito.

Se você abdica da responsabilidade de acompanhar o progresso de uma tarefa, a chance de erros acontecerem aumenta. E tais erros podem custar caro, tanto em termos de tempo quanto de dinheiro, para serem corrigidos.

"ANDE POR AÍ" PARA OBSERVAR O QUE ESTÁ ACONTECENDO

Uma das técnicas de gestão mais eficazes e amplamente utilizadas é a chamada "gestão por observação" (Management by Wandering Around, ou MBWA, em inglês). O diferencial dessa abordagem é a possibilidade de o gestor proporcionar *feedback* em tempo real sobre o desempenho da sua equipe. Com informações imediatas, você pode identificar o que está acontecendo no momento e agir de maneira rápida, se necessário, a fim de evitar atrasos ou problemas mais sérios.

Quando você "anda por aí", não precisa esperar uma semana ou um mês para saber exatamente o que está acontecendo em seu negócio. Ao caminhar e interagir com sua equipe, fazendo perguntas e observando o trabalho de perto, você recebe *feedback*, o que o ajuda a se tornar um gestor melhor.

Ao praticar a gestão por observação, você conseguirá perceber se alguém está sobrecarregado e o que precisa fazer para recuperar o equilíbrio. Também poderá identificar se algumas pessoas não têm as habilidades necessárias para executar o trabalho no nível que você espera, ou se precisam da ajuda de outros para cumprir uma parte da tarefa para a qual não são competentes.

Se perceber que uma responsabilidade é difícil demais para a pessoa designada, esteja preparado para modificá-la ou redistribuí-la, se necessário. No cenário econômico atual e na vida empresarial, uma delegação que parecia ideal em um dia pode demandar ajustes radicais no dia seguinte por conta de novas informações. Esteja sempre pronto para ajustar a tarefa ou responsabilidade, se for preciso.

- QUINZE -

MELHORE O POTENCIAL DA SUA EQUIPE POR MEIO DE *FEEDBACKS*

UMA DAS frases mais emblemáticas no campo da gestão é de Ken Blanchard: "*Feedback* é o café da manhã dos campeões".

Estamos falando de uma das maiores fontes de motivação no ambiente profissional. A falta de *feedback* sobre atividades e progresso pode levar pessoas à desmotivação e até à perda de interesse no trabalho. Elas podem começar a pensar que o trabalho que estão fazendo, ou a tarefa que lhes foi delegada, não é tão importante assim.

O *feedback* é uma forma essencial de comunicação entre você e os membros da sua equipe. Assim como é necessário manter uma comunicação com sua família, como seu cônjuge e filhos, é igualmente importante cultivar esse diálogo contínuo com os membros da equipe.

DÊ *FEEDBACKS* IMPARCIAIS

A chave para oferecer um bom *feedback* é manter a *imparcialidade*. Em vez de demonstrar raiva ou impaciência diante de algo que não foi realizado conforme o esperado, apresente os fatos de forma objetiva. Evite sugerir que foi um erro ou dizer algo que deixe a pessoa na defensiva.

Por exemplo, se alguém não concluiu uma tarefa dentro do prazo, você pode enviar um e-mail ou conversar diretamente com a pessoa, e dizer algo como: "Esse trabalho deveria ter sido concluído até o meio-dia de sexta-feira. Como está o andamento?".

Sua capacidade de oferecer um *feedback* de maneira positiva ou imparcial aumentará a receptividade dos membros da sua equipe às suas ideias e opiniões.

Muitas pessoas acham que, ao dar *feedback* sobre o andamento de um trabalho ou sobre como os membros da equipe estão desempenhando suas funções, precisam dizer que é algo bom ou ruim. Mas, na maioria dos casos, tudo o que você precisa fazer é descrever a situação como ela é, sem ser negativo.

SEJA COMO UM ÁRBITRO

Adote o modelo de gestão conhecido como "cronometrista". Assim como no mundo dos esportes, em que o cronometrista informa aos jogadores e ao público o tempo e o placar, comunique à sua equipe os resultados em vendas, produtividade e desempenho. Se estiverem "atrás no placar", eles rapidamente aumentarão o ritmo para concluir o trabalho dentro do prazo e alcançar o objetivo.

Informe as pessoas sobre como elas estão indo. Quando estiverem indo bem, diga isso a elas. Seus funcionários tendem a se preocupar com seus empregos, muitas vezes associando seu valor pessoal ao desempenho. Portanto, querem e precisam saber se estão indo bem, especialmente em comparação com seus colegas de trabalho.

FAÇA COMPARAÇÕES POSITIVAS

No capítulo 6, discutimos a "teoria da comparação social", que afirma que só nos julgamos em comparação com outras pessoas que consideramos semelhantes a nós, tanto dentro quanto fora do contexto profissional. Se sua empresa está indo tão bem quanto, ou melhor que, outras empresas concorrentes, comunique isso à sua equipe. As pessoas gostam de saber que trabalham em uma empresa bem-sucedida, em especial quando ela supera a concorrência no mercado.

Uma excelente forma de *feedback* é aplicar a "gestão por observação" (descrita no anterior capítulo) para reconhecer quando as pessoas fazem algo *certo*. Busque oportunidades para se aproximar, elogiar e reforçar desempenhos e comportamentos positivos. Sempre que você disser aos seus colaboradores que eles estão fazendo um ótimo trabalho, eles ficarão mais motivados a fazer um trabalho ainda melhor no futuro.

OFEREÇA RECOMPENSAS IMEDIATAS

Thomas J. Watson Sr., fundador da IBM, era famoso por andar por suas fábricas, escritórios e instalações com um talão de cheques em mãos. Sempre que via alguém fazendo um bom trabalho, ele parava e escrevia um cheque para a pessoa. Podia ser um cheque de $5, $10 ou mais, mas o impacto desse pequeno ato de generosidade era enorme.

As pessoas emolduravam os cheques de Thomas J. Watson, o "grande chefe", e os penduravam nas paredes. Contavam para amigos e familiares sobre esse reconhecimento. Exibiam os cheques com orgulho em seus círculos sociais.

O hábito de oferecer *feedbacks* positivos regularmente aumenta a motivação da sua equipe. Esse gesto mostra que você se importa e aprecia o que fazem, em especial quando o trabalho é difícil ou desafiador.

PERMITA QUE AS PESSOAS APRENDAM COM ERROS

Por fim, é importante lembrar que dar *feedback* também envolve saber quando se calar e permitir que as pessoas aprendam com seus próprios erros. É comum observar que, assim como muitos pais tendem a criticar seus filhos mais do que elogiá-los, esse padrão também se repete em várias empresas. Os funcionários recebem críticas o tempo todo, mas raramente são reconhecidos por um trabalho bem-feito.

Estudos sobre o que torna uma empresa "um ótimo lugar para se trabalhar" revelaram talvez a descoberta mais importante: Os colaboradores disseram sentir que podiam cometer erros sem serem criticados ou demitidos por isso. As melhores empresas promovem um ambiente no qual as pessoas se sentem livres para experimentar coisas novas, mesmo sabendo que, provavelmente, cometerão erros no processo.

INCENTIVE-OS A FAZER O MELHOR QUE PODEM

Mary Lou Retton, a campeã olímpica de ginástica, certa vez contou algo que sua mãe disse e que moldou toda a sua carreira. Após uma competição em que Mary Lou não teve um bom desempenho e ficou decepcionada consigo mesma, sua mãe disse: "Mary Lou, não é tão importante ser a melhor quanto dar o seu melhor".

Da mesma forma, seu objetivo como gestor é incentivar as pessoas a fazerem o melhor que podem. Elogie-as e reconheça o trabalho que fazem, mostrando quão importantes são para a empresa. O *feedback* é, de fato, o café da manhã dos campeões.

- DEZESSEIS -

SEMPRE MOTIVE SUA EQUIPE

TER UMA BOA autoestima e senso de valor próprio é a chave para um excelente desempenho e altos níveis de motivação. Cada pessoa precisa sentir-se importante e, sobretudo, vencedora. Para que sua equipe se sinta assim, cinco elementos são necessários.

Primeiro, construa a autoestima da sua equipe estabelecendo metas e objetivos claros para que tenham algo pelo que se esforçar. *Não se pode acertar um alvo que não se consegue enxergar.*

Segundo, defina padrões mensuráveis e alcançáveis, para que as pessoas saibam como estão progredindo em suas metas.

Terceiro, organize as tarefas de forma que as pessoas possam alcançar os objetivos estabelecidos e sentir a realização de um trabalho bem-feito. Seu papel é garantir que sua equipe "vença".

Quarto, acredite em cada membro da equipe, independentemente de como você se sinta. Diga coisas como: "Sei que você fará um excelente trabalho" ou "Confio em você".

Quinto, reconheça e elogie publicamente quando um trabalho for bem-feito. Não há sentido em ser um vencedor, completar uma tarefa ou alcançar uma meta se isso não for reconhecido, em especial pelo líder. Aproveite todas as oportunidades para elogiar um membro da equipe pessoalmente, em público e diante de outros colegas da equipe. Quando você faz um elogio ou dá um bom *feedback* na frente dos outros, isso tem um impacto muito maior do que se o fizesse em particular. Como resultado, os membros da sua equipe se sentirão bem mais motivados a realizar um trabalho ainda melhor no futuro.

FAÇA AS PESSOAS SE SENTIREM IMPORTANTES

Mary Kay Ash, fundadora de uma das empresas de marketing multinível (Multi-Level Marketing, ou MLM, em inglês) mais bem-sucedidas do mundo no ramo de cosméticos femininos, sempre lembrava as pessoas de que "todos têm um cartaz invisível no pescoço que diz: 'Faça-me sentir importante'". Ela incentivava seus funcionários a tratarem os clientes como se também carregassem tal cartaz.

Existem cinco fatores que podem ser úteis para extrair o melhor das pessoas todos os dias. Todos começam com a letra "A":

1. *Aceitação.* As pessoas possuem uma necessidade de serem aceitas por aqueles ao seu redor. Sobretudo, para elas é importante que seus chefes reconheçam seu valor e relevância. Mas como demonstrar essa aceitação incondicional? A resposta está nos

pequenos gestos: Um *sorriso* caloroso e amigável toda vez que encontrar alguém.

Lembre-se de que mesmo quando você acha que ninguém está observando, *todos* estão. Tudo o que você diz (ou deixa de dizer) e tudo o que faz (ou deixa de fazer) é notado pela sua equipe, além de influenciar o comportamento de cada um.

2. *Apreciação.* Diga "obrigado" por cada tarefa ou responsabilidade que sua equipe assumir. A palavra "obrigado" está entre as mais poderosas e emocionais em qualquer idioma. Ela mostra que você valoriza o esforço e o comprometimento das pessoas.

3. *Admiração.* Encontre algo para admirar nos outros. Pode ser a roupa, um acessório como uma bolsa ou gravata, o cabelo, os sapatos ou até o carro. Não deixe de *reconhecer* quando alguém fizer algo excepcional. Por exemplo, se um funcionário ficar até mais tarde para concluir um trabalho, admire seu esforço e elogie a contribuição que ele traz para a equipe.

4. *Aprovação.* Ofereça bastante elogio e aprovação. O conceito de *autoestima* pode ser definido como "o grau em que uma pessoa se sente digna de ser elogiada". O elogio atende a uma das necessidades humanas mais profundas: Sentir-se importante para os outros. Encontre motivos para elogiar seus subordinados. Envie e-mails para agradecer, reconhecer e elogiar algo que tenham feito bem.

5. *Atenção.* Ouça atentamente quando as pessoas quiserem falar algo. Funcionários precisam de espaço

para se comunicar com seus chefes. Eles devem se sentir livres para sentar, conversar e se expressar sem medo ou restrições.

SEJA UM BOM OUVINTE

O ato de ouvir já foi chamado de "magia branca". Quando você pratica as quatro habilidades da escuta ativa, consegue gerar um efeito positivo nos pensamentos, sentimentos e emoções da pessoa com quem está interagindo.

1. Escute atentamente, sem interrupções. Ouça com atenção, sem interromper. Incline-se para frente e ouça como se o que a outra pessoa está dizendo fosse a coisa mais importante que você já ouviu. Esse princípio é essencial para desenvolver boas relações humanas.

2. Faça uma pausa antes de responder. Espere alguns segundos, ou até mais, antes de responder quando a outra pessoa terminar de falar. Essa pausa traz inúmeros benefícios. Esse momento de silêncio permite que a outra pessoa contribua com ideias e *insights* importantes. Além disso, dá tempo para que ela organize seus pensamentos e decida o que dizer a seguir. Ao mesmo tempo, essa pausa demonstra que você valoriza o que foi dito, mostrando que está refletindo sobre as palavras da pessoa. Assim, você garante uma compreensão mais precisa e responde de forma assertiva, o que minimiza possíveis equívocos.

3. Pergunte para esclarecer. Nunca presuma que entendeu o que a outra pessoa quis dizer. Sempre que houver qualquer possibilidade de mal-entendido, pergunte algo como: "O que você quis dizer com isso?". Essa é uma pergunta que pode ser usada para esclarecer pensamentos, sentimentos e necessidades em qualquer conversa, independente do contexto.

4. *Repita o que foi dito.* Parafraseie o que o outro acabou de dizer. Essa é uma das formas mais rápidas e eficientes de garantir que você realmente compreendeu a mensagem. Por exemplo, diga algo como: "Deixe-me ver se entendi bem o que você quis dizer", e, então, repita o que foi dito, com suas próprias palavras. É impressionante perceber como, muitas vezes, a outra pessoa pode responder: "Não, não foi bem isso que quis dizer".

DÊ VALOR AOS OUTROS

Como mencionei anteriormente, dedicar atenção é um dos principais fatores que ajudam as pessoas a se sentirem importantes. A regra é simples: Você dá atenção ao que ou a quem considera importante. Quando faz perguntas às pessoas e as ouve atentamente enquanto falam, está transmitindo a mensagem de que valoriza os pensamentos e opiniões delas. Por extensão, isso demonstra que você as considera membros importantes de sua equipe.

- DEZESSETE -

PRATIQUE A LIDERANÇA SITUACIONAL

DIFERENTES SITUAÇÕES no contexto profissional – como momentos de pressão, ou o gerenciamento de profissionais experientes versus trabalhadores sem qualificação – exigem estilos de liderança distintos para garantir a maior eficácia possível. Por exemplo, a maneira como você supervisionaria um laboratório de pesquisa seria diferente de como coordenaria uma equipe de bombeiros.

Um aspecto crucial para determinar o estilo de liderança apropriado é o nível de maturidade do colaborador em relação à tarefa que deve realizar. Esse conceito se refere ao grau de conhecimento e habilidade que uma pessoa possui para realizar um trabalho específico dentro da organização. A única forma de desenvolver tal maturidade é por meio de experiência prática e direta, ou seja, com a "mão na massa".

CONHECIMENTO, HABILIDADE E EXPERIÊNCIA

Quando as pessoas começam a exercer uma nova função, possuem pouca experiência ou familiaridade com a tarefa e, por isso, precisam de muita orientação prática, instrução clara e treinamento. É o oposto do método de "lançar a pessoa na água e ver se nadará ou afundará", frequentemente aplicado na integração de novos funcionários e na atribuição inicial de responsabilidades.

O trabalhador com pouca experiência em tarefas específicas necessita de uma direção clara, instruções detalhadas, monitoramento contínuo e *feedback* regular para iniciar de forma adequada e desenvolver confiança. Em qualquer novo emprego, o treinamento prático é uma das formas mais seguras de garantir um desempenho excepcional em uma função.

EXPERIÊNCIA INTERMEDIÁRIA

Um nível intermediário de experiência em relação a uma tarefa ocorre quando a pessoa já possui uma boa compreensão a respeito do trabalho e uma certa vivência na função. Nesse caso, o funcionário se beneficia de discussões e *feedback* focados em resultados por parte do gestor. É importante oferecer uma descrição clara do trabalho, com metas e padrões bem definidos, mas, devido ao aumento da experiência, o controle pode ser mais flexível. Assim, é possível delegar tarefas com considerável confiança de que serão concluídas dentro do prazo.

Já em um alto nível de competência, o funcionário demonstra total domínio sobre o trabalho e é capaz de executá-lo sem supervisão. Ele não precisa de acompanhamento próximo do gestor para os detalhes operacionais. O papel do gestor, nesse caso, é atuar como conselheiro, mentor e guia. A relação com um funcionário experiente tende a ser mais informal e descontraída, com trocas regulares e discussões pontuais sobre o trabalho. Tarefas e responsabilidades podem ser delegadas com tranquilidade a profissionais com alto nível de competência.

DE VOLTA AO INÍCIO

Aqui está um ponto importante: Profissionais experientes podem enfrentar um estágio inicial de pouca familiaridade ao exercerem uma nova função. Quando alguém recebe uma nova atribuição ou faz a transição de uma posição bem-sucedida para outra em um contexto diferente, essa pessoa precisa começar novamente, passando por um período de adaptação e aprendizado em relação às novas tarefas.

Um erro comum cometido por gestores (eu mesmo já o cometi) é contratar ou promover profissionais competentes em suas funções atuais ou anteriores, presumindo que essa competência será automaticamente transferida para a nova posição. É natural pensar que alguém bem-sucedido em uma função pode realizar uma transição lateral com o mesmo nível de excelência, mas essa suposição quase sempre se mostra equivocada.

AVALIE SUA EQUIPE

Analise as pessoas que trabalham com você e avalie se o nível de experiência que possuem nas tarefas que desempenham é baixo, médio ou alto. A partir dessa avaliação, você pode ajustar seu estilo de gestão e oferecer treinamento prático, *feedback* focado em resultados ou uma interação mais descontraída, dependendo da função e do nível de experiência do funcionário.

- DEZOITO -

IDENTIFIQUE OS QUATRO PERFIS COMPORTAMENTAIS

ALGUNS ANOS ATRÁS, enquanto enfrentava problemas de saúde, estava ansioso para entender minha condição e fazia inúmeras perguntas sobre os possíveis desdobramentos de cada tratamento, medicamento ou intervenção recomendada. Logo percebi que quase todos os profissionais de saúde com quem conversei repetiam a mesma frase: "Cada pessoa é diferente".

Essa afirmação também se aplica ao contexto profissional. Contudo, gestores geralmente tratam os outros como se fossem cópias exatas de sua própria personalidade. Uma gestão realmente eficaz, porém, exige flexibilidade. É necessário ajustar sua personalidade e abordagem às necessidades e particularidades de cada pessoa com quem está lidando.

ABORDAGENS DIFERENTES PARA PESSOAS DIFERENTES

Ao longo dos anos, diversas ferramentas e avaliações de personalidade foram desenvolvidas, e talvez uma das melhores seja o teste DISC, que divide as personalidades em quatro quadrantes. Esse instrumento oferece uma análise incrivelmente precisa sobre as características de um indivíduo, identificando suas forças, fraquezas, motivações e possíveis caminhos de carreira.

Em nossa empresa, nunca contratamos ninguém sem realizar o teste DISC antes. Enviamos aos candidatos o link do site com um código de acesso e pedimos que dediquem de 10 a 15 minutos para responder às perguntas e, em seguida, cliquem em "enviar". Assim que finalizam, eles recebem uma análise detalhada sobre sua própria personalidade, e os resultados também são enviados para nós, os empregadores.

Depois disso, discutimos os resultados da avaliação com o candidato em uma conversa por telefone. Procuramos ser transparentes ao revisar com todos os candidatos o que a avaliação sugere sobre seu temperamento e compatibilidade com determinada função ou responsabilidade. É um processo que visa garantir que a pessoa contratada para uma função fique feliz desempenhando essa atividade.

A análise DISC categoriza as pessoas em quatro perfis comportamentais, representados em um gráfico dividido em dois eixos. O eixo vertical vai de reservado (na parte inferior) a extrovertido (na parte superior).

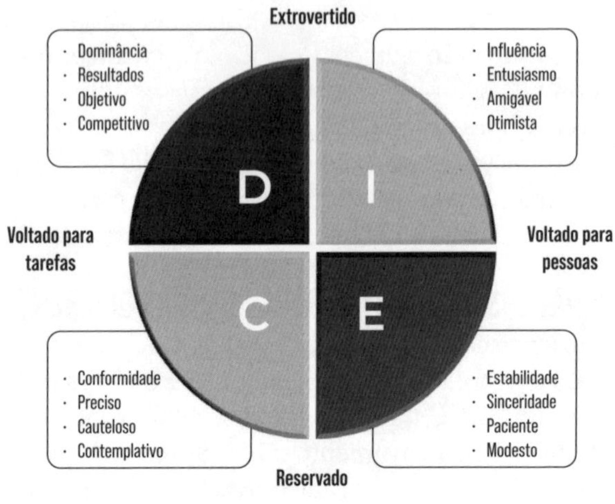

O eixo horizontal varia de voltado para tarefas (à esquerda) a voltado para pessoas (à direita). Esses dois eixos formam quatro quadrantes, que correspondem a estilos básicos de personalidade.

O PERFIL DE DIRETOR

O primeiro perfil comportamental, localizado no quadrante superior esquerdo (D), é o dominante ou, como costumo chamar, o perfil de diretor. Trata-se de uma pessoa extrovertida e, ao mesmo tempo, intensamente voltada para tarefas. Sua principal motivação é obter resultados, o que faz desse indivíduo uma escolha excelente para funções como empreendedor, chefe de bombeiros, policial ou qualquer outra posição na qual o sucesso dependa de resultados.

Pessoas com esse perfil tendem a ser rápidas no raciocínio e decisivas; elas sempre preferem ir direto ao ponto. Contudo, podem ter pouca paciência com personalidades do quadrante S (relacional), que são mais voltadas para pessoas do que tarefas. Por outro lado, costumam se dar bem com personalidades do quadrante C (analítico), já que ambos compartilham um foco comum: Alcançar resultados.

O PERFIL SOCIALIZADOR

O segundo quadrante (I) representa o perfil socializador ou expressivo, conhecido no modelo DISC como o perfil do influenciador. Esse tipo de pessoa valoriza relacionamentos, é extrovertida e voltada para pessoas. Sua principal motivação pode ser resumida pela frase: "Olhe para você; olhe para mim".

Indivíduos com essa personalidade se destacam em posições que demandam uma interação positiva com outras pessoas, como políticos, oradores públicos, vendedores, executivos ou gerentes. Eles gostam de conversar, tanto sobre si mesmos quanto sobre aqueles com quem interagem. Em geral, são pessoas otimistas e entusiasmadas.

No entanto, um dos riscos associados a essa personalidade é a tendência de concordar sem hesitação e de assumir compromissos que, com frequência, acabam sendo esquecidos ou "lembrados de uma forma diferente".

O PERFIL RELACIONAL

O terceiro quadrante (S), localizado no canto inferior direito, representa a pessoa voltada para relacionamentos, que chamamos de "relacional".

São indivíduos que se preocupam com o que outros sentem e pensam. Ao mesmo tempo, tendem a ser mais introvertidos e reservados; não costumam falar muito.

Pessoas com esse perfil levam mais tempo para tomar decisões, o que pode, às vezes, passar a impressão de que são indecisas. Elas se preocupam com o impacto que suas palavras e ações terão sobre os outros. Sua principal motivação é se dar bem com todos.

Ademais, são excelentes professores, enfermeiros, conselheiros e psicólogos. Eles se destacam em qualquer trabalho que exija interação próxima com outras pessoas. Ao lidar com personalidades relacionais, é importante ir com calma, fazer bastante perguntas, ouvir atentamente as respostas e ser sensível ao fato de que não gostam de ser apressadas ou pressionadas a tomar decisões.

O PERFIL ANALÍTICO

O quarto quadrante (C), localizado no canto inferior esquerdo, representa o perfil analítico ou pensador, também chamado de "complacente" no modelo DISC. Pessoas com esse perfil são reservadas, tranquilas e focadas em tarefas. Sua principal motivação pode ser resumida na frase: "Sejamos precisos".

Analíticos se destacam em funções que exigem altos níveis de precisão e pouca interação. Preferem lidar com problemas concretos que não "respondem de volta". Profissionais nesse quadrante tendem a se destacar como contadores, engenheiros, programadores de computador, cientistas, pesquisadores, matemáticos e analistas financeiros. Sentem-se confortáveis trabalhando por longos períodos sozinhos, com pouca interação social.

Ao lidar com personalidades analíticas ou pensadoras, é importante apresentar suas ideias de forma prática e lógica. Eles adoram fatos e detalhes. Querem ter certeza de que não há margem para erros ou equívocos.

CADA PESSOA É DIFERENTE

É natural que, inicialmente, você tenha a tendência de lidar com as outras pessoas como se fossem como você. No entanto, com o tempo, perceberá que é essencial adotar "abordagens diferentes para pessoas diferentes".

Para se relacionar bem com uma variedade de personalidades, às vezes é necessário desacelerar e desenvolver um senso de empatia pelo outro. Isso envolve se ajustar ao ritmo e temperamento da pessoa, em especial se você deseja influenciá-la de alguma maneira.

SEU ESTILO DE GESTÃO

Observe sua equipe e reserve um tempo para compreender tanto o seu próprio perfil comportamental, que geralmente permanece o mesmo, quanto o das pessoas à sua volta. Pense sobre como você pode ajustar sua abordagem para se relacionar melhor com cada uma.

- *O diretor* é voltado para tarefas, e não dá tanta atenção para relacionamentos. É uma pessoa caracterizada pela impaciência, determinação em conquistar coisas, dedicação ao trabalho e uma preocupação com resultados. O estilo de gestão adequado para o diretor é ser preciso, direto ao ponto e rápido – especificando de maneira clara os resultados esperados e como serão medidos.

- *O expressivo* possui um perfil social, extrovertido, amigável e entusiástico. Essas pessoas são generalistas, enxergam o quadro geral, têm pouca paciência para detalhes e gostam de muita interação humana. O estilo de gestão mais eficaz com expressivos é mantê-los focados e direcionar sua energia para onde podem contribuir de forma mais significativa. Dedique tempo para conversar, interagir e se relacionar com eles, deixando os detalhes para outras pessoas.

- *O relacional* é uma pessoa focada em relacionamentos interpessoais, com menor ênfase em tarefas. Sensível e muitas vezes indeciso, valoriza a cooperação, o trabalho em equipe, a amizade e a harmonia. Para gerenciar bem um relator, é importante adotar um estilo de gestão calmo e amigável, com interações em um ritmo mais lento e sem surpresas. Eles tendem a se preocupar mais com os sentimentos, a empatia e a sensibilidade no relacionamento com os outros.

- *O pensador* é alguém para quem as tarefas têm mais relevância do que as interações pessoais. Extremamente preocupado com precisão, exatidão e minúcia, sempre busca ser meticuloso e correto em tudo o que faz. Para gerenciar esse perfil, é importante adotar um estilo de gestão específico, direto e preciso, atencioso aos detalhes. Além disso, o gestor deve comunicar-se em um tom controlado, lógico e equilibrado.

Bons gestores dedicam tempo para desenvolver a habilidade de se relacionar bem com diferentes tipos de personalidade. Felizmente, essa competência pode ser aprimorada com o tempo, por meio de boas perguntas e uma escuta atenta. Isso demanda que você ajuste de forma intencional seu estilo de gestão para se alinhar melhor com a personalidade única de cada pessoa.

- DEZENOVE -

TRÊS ESTILOS DE LIDERANÇA

EXISTEM três estilos de liderança que foram analisados para identificar qual é o mais eficaz em diferentes situações, nas quais se espera o máximo desempenho de cada pessoa.

O ESTILO AUTOCRÁTICO

O primeiro estilo de liderança é o tradicional, militar, ditatorial e autoritário. Gestores autocráticos são exigentes, inflexíveis e insistem em ser a autoridade máxima. Adotam a postura "é do meu jeito ou nada feito" e esperam ser obedecidos e respeitados. Para que as pessoas façam o que desejam, dentro do orçamento e prazo, esses líderes recorrem a críticas severas, desaprovação e padrões rigorosos. Monitoram de perto os membros de sua equipe, vigiam o tempo todo, exigem relatórios, *feedback* e o cumprimento estrito de procedimentos.

Esse estilo pode funcionar em certas situações, mas assim que o gestor se ausenta, tudo para de funcionar. As pessoas que trabalham sob esse tipo de liderança geralmente se sentem intimidadas e fazem apenas o mínimo necessário para evitar problemas. Quando o chefe está ausente, pouco é feito. Como diz o ditado: "Quando o gato sai, os ratos fazem a festa". Surge uma espécie de paralisia e ninguém se sente disposto a tomar decisões por medo de cometer erros.

AS COISAS DESMORONAM

Um amigo meu adotava um estilo de liderança autocrático, combinado com um instinto empreendedor impressionante. Como resultado, ele conseguiu construir uma empresa grande e bem-sucedida, com 170 funcionários em várias regiões do país.

O negócio estava crescendo, era lucrativo, e ele desfrutava de ganhos substanciais como único proprietário e beneficiário dos resultados financeiros. No entanto, sua forma de liderança apresentava um problema: Ele apenas dava ordens às pessoas. Contratava funcionários que seguiam suas instruções à risca e demitia qualquer um que demonstrasse independência ou tomasse decisões por conta própria.

Seu negócio exigia muitas viagens e, toda vez que ele saía do escritório, o trabalho desacelerava ou parava. Ninguém tomava decisões, e a empresa começava a desmoronar. Quando retornava, ele precisava "apagar incêndios" para colocar tudo de volta nos trilhos. No final, ele foi obrigado a vender a empresa para alguém que pudesse implementar uma gestão profissional e um estilo de interação mais flexível com a equipe.

O ESTILO DEMOCRÁTICO

O segundo estilo de liderança é ideal em determinadas situações. No estilo democrático, o líder e a equipe trabalham juntos para definir metas, objetivos e critérios de medição para cada tarefa ou atividade. As responsabilidades são atribuídas com base na interação, no diálogo e no acordo mútuo, o que promove um alto nível de engajamento e comprometimento. O líder atua como um treinador e mentor para a equipe.

As opiniões de cada membro são respeitadas, e as atribuições de trabalho podem ser ajustadas quando necessário. Esse estilo de liderança é ideal para delegar tarefas, já que incentiva um nível elevado de responsabilidade pessoal. Mesmo na ausência do líder, o trabalho continua sendo executado com qualidade. Cada pessoa se sente responsável pela produtividade geral do negócio, e há uma considerável pressão dos colegas para garantir que todos cumpram bem suas funções.

Se um gestor se ausenta por um período prolongado, como duas ou três semanas, e ainda assim a empresa continua funcionando de forma eficiente, produtiva e lucrativa, isso é um sinal claro de que ele está utilizando com sucesso o estilo de liderança democrático.

O ESTILO LIVRE

Também conhecido como gestão *laissez-faire*, esse estilo ocorre quando o líder concede total liberdade aos membros da equipe para determinar seus próprios trabalhos, padrões, horários, formas de interação e modos de realizar as tarefas. A espontaneidade e a flexibilidade são incentivadas, enquanto a estrutura é evitada.

Embora esse estilo promova um ambiente colaborativo, a produtividade tende a ser baixa. Na ausência de uma liderança ativa, a falta de estrutura pode levar a um cenário de desorganização, como uma forma de anarquia. Muito pouco acaba sendo realizado.

Delegar responsabilidades em um ambiente *laissez-faire* pode ser arriscado, já que os colaboradores não desenvolvem o mesmo senso de responsabilidade encontrado no estilo democrático.

Esse modelo de gestão é frequentemente adotado por empreendedores ou profissionais que começaram com poucos recursos e alcançaram posições de liderança e autoridade. Muitas vezes, esses gestores fundam empresas bem-sucedidas, mas relutam em impor ordens diretas ou exigir desempenhos específicos por sentirem receio ou culpa. Como resultado, evitam fornecer orientações claras ou estabelecer expectativas.

Dada a natureza humana, a maioria das pessoas usa essa liberdade em benefício próprio. Sem uma estrutura e orientações claras, funcionários gastam tempo com conversas paralelas, atividades de baixo ou nenhum valor e questões pessoais. A menos que alguém intervenha para criar descrições de trabalho objetivas, definir áreas-chave de resultados, estabelecer padrões de desempenho e construir uma equipe coesa, a empresa ou departamento poderá acabar operando em um nível muito abaixo de seu potencial.

Curiosamente, alguns gestores combinam dois ou mais dos três estilos de liderança, alternando entre eles conforme as demandas profissionais. Qual estilo de líder você é?

- VINTE -

EVITE A DELEGAÇÃO REVERSA

WILLIAM ONCKEN, especialista em gestão de tempo, escreveu um artigo famoso para a Harvard Business Review, intitulado "Management Time: Who's Got the Monkey?" ("Gestão do tempo: Quem assume a responsabilidade?", em português). O texto foi reproduzido e lido milhões de vezes em todo o mundo, graças à sabedoria prática que oferece.

No artigo, Oncken afirma que "quem é responsável pelo próximo passo em qualquer tarefa é quem detém a responsabilidade pela tarefa. Ninguém mais pode agir até que essa pessoa conclua sua parte do trabalho".

Em outras palavras, se um funcionário pede sua ajuda para ligar para alguém, buscar uma informação ou realizar qualquer outra etapa necessária para concluir um trabalho delegado, você assume a responsabilidade pelo próximo passo. O funcionário pode voltar ao seu escritório e esperar que você faça "sua parte"; ele se sente livre da responsabilidade até que você conclua o que lhe foi pedido.

Cada vez que alguém lhe pede para fazer parte de uma tarefa, você está tomando a responsabilidade para si; está tirando-a das costas do subordinado e colocando-a nas suas. Se não tomar cuidado, você pode se tornar vítima de uma das armadilhas mais comuns no ambiente de trabalho: A delegação reversa.

Existem quatro ou cinco circunstâncias em que as pessoas são bastante habilidosas em tentar reverter a delegação. A primeira envolve a obtenção de informações. O membro da equipe pode dizer: "Não sei o que fazer ou onde encontrar as informações. Você pode me ajudar?".

INVERTA A SITUAÇÃO

Para evitar a delegação reversa, inverta o cenário. Diga: "É sua responsabilidade encontrar essa informação. Aqui estão alguns lugares para você procurar, mas cabe a você fazer isso".

Evite se comprometer a buscar informações para outras pessoas. Isso pode consumir tempo e paralisar o andamento do trabalho. Enquanto você não fornece a informação prometida, o funcionário fica "livre de responsabilidades". Ele não precisa fazer nada até que você conclua a tarefa. Nesse caso, você acaba trabalhando para ele.

Na era da internet, em que praticamente todas as informações estão disponíveis 24 horas por dia, a capacidade de pesquisar e encontrar dados tornou-se uma habilidade indispensável para qualquer profissional.

DEIXE-OS RESOLVER SEUS PRÓPRIOS PROBLEMAS

A segunda circunstância em que ocorre a delegação reversa é quando os funcionários trazem um problema para você em vez de trabalharem para resolvê-lo por conta própria. Nessas situações, tentam transferir a responsabilidade de volta ao gestor, dizendo algo como: "Você pode cuidar disso para mim?".

Pode ser tentador pensar: "Sou o chefe, tenho experiência e conhecimento, então resolverei o problema". No entanto, ao aceitar, você coloca sobre suas costas a responsabilidade que deveria ser do funcionário. Para evitar esse tipo de delegação reversa, devolva a responsabilidade com uma abordagem construtiva, dizendo: "Esse problema é sua responsabilidade. Primeiro, defina o problema de forma clara. Depois, desenvolva algumas soluções possíveis, escolha aquela que você recomenda e volte a falar comigo se precisar de orientação".

Lembre-se de que uma das suas principais funções como gestor é desenvolver a capacidade da sua equipe. Ajudar os funcionários a aprimorar suas habilidades de resolução de problemas é uma das melhores maneiras de fazer isso.

FAÇA-OS PENSAR

Quando os funcionários vêm até você pedindo soluções para problemas, a melhor resposta que aprendi como gestor ao longo dos anos é perguntar: "O que você acha que devemos fazer nessa situação?". Na maioria das vezes, o funcionário já sabe o que seria melhor fazer e só precisa da sua validação para implementar a solução que já decidiu.

A terceira circunstância em que ocorre a delegação reversa é na execução de tarefas difíceis. Às vezes, os funcionários dizem algo como: "Isso é realmente complicado para mim. Não sei bem como fazer. Nunca fiz isso antes". Em seguida, tentam devolver a responsabilidade para você, com a justificativa de que você é mais experiente, confiante e capaz de realizar a tarefa.

Se não tomar cuidado, seu ego pode entrar em jogo e você aceitará a tarefa de volta para garantir que ela seja feita corretamente. No entanto, é melhor para ambos se você insistir que a pessoa cumpra a função, com a sua orientação, em vez de você assumir o trabalho e adicioná-lo à sua carga, que provavelmente já estará cheia.

EVITE TOMAR PARTIDO

Outro exemplo de delegação reversa ocorre quando o funcionário tenta envolver o chefe em problemas interpessoais. Em vez de confrontar a situação e buscar uma solução com a outra pessoa, o funcionário tenta transformar o gestor em um mediador ou conselheiro.

Ao longo de sua carreira na gestão de pessoas, você perceberá que nem sempre elas se dão bem. É comum que um membro da equipe venha até você dizendo que está "insatisfeito" porque determinado colega disse ou fez algo que o incomodou.

Em caso assim, a melhor resposta é: "Se você tem um problema com essa pessoa, deve tomar a iniciativa de resolvê-lo sozinho com ela". Evite, em qualquer circunstância, tomar partido ou expressar uma opinião que favoreça um dos lados. Você não terá todos os detalhes da situação e, ao assumir uma posição a favor de um dos funcionários, poderá acabar enfraquecendo sua autoridade no futuro.

COLOQUE-OS FRENTE A FRENTE

Uma das melhores estratégias para lidar com situações em que duas pessoas estão enfrentando dificuldades é chamar ambas para uma conversa e informar que precisarão resolver o problema ou desacordo ali mesmo, naquele momento.

Uma técnica que considero útil é fechar a porta e pedir que repitam, na presença uma da outra, exatamente o que disseram a você sobre a situação. Esse exercício força as pessoas a enfrentarem o problema e a comunicarem, com clareza, o que está causando o atrito entre elas. O resultado é a eliminação de meias-verdades e exageros.

Se essa prática for adotada sempre que surgirem conflitos, as pessoas começarão a perceber que, ao levarem um problema até você, precisarão se sentar cara a cara com a outra parte envolvida. Assim, em vez de recorrerem a você, aprendem a abordar o outro para resolver o mal-entendido.

FAÇA COM QUE ASSUMAM A RESPONSABILIDADE

Em todas as situações, a melhor solução é manter os funcionários responsáveis por suas próprias tarefas, resistir à delegação reversa e insistir para que eles resolvam os problemas por conta própria.

Ao longo da sua vida, tanto pessoal quanto profissional, você precisará lidar com tentativas de delegação reversa. Como muitas pessoas são acomodadas, frequentemente buscam formas de fazer com que você reassuma ou assuma mais responsabilidades. Por isso, é crucial resistir a essa tentação a todo custo. Sempre repita: “Essa tarefa é sua; você é o responsável por ela, não eu”. E mantenha-se firme nessa posição.

- VINTE E UM -

CINCO FUNDAMENTOS PARA UMA GESTÃO EFICAZ

AGORA QUE VOCÊ CHEGOU ao fim deste livro, permita-me compartilhar os cinco fundamentos da delegação e supervisão eficazes, que você pode aplicar ao longo de sua carreira como gestor.

Primeiro, assuma total responsabilidade e prestação de contas por si mesmo, pela sua equipe e por tudo o que eles fazem ou deixam de fazer. Assuma 100% da responsabilidade por delegar as tarefas certas, supervisionar e garantir que o trabalho seja realizado por meio dos outros.

Segundo, imagine sua equipe como membros mais jovens da família, quase como seus filhos. Assim como crianças, eles precisam de um fluxo constante de *feedback*, orientações claras, ensinamentos, ajuda e padrões de desempenho bem definidos. Visualize sua equipe sob a perspectiva de um pai ou mãe que se preocupa profundamente com o bem-estar dos filhos.

Terceiro, coloque o fator amizade em prática. Simpatia e confiança são a base para uma gestão e delegação eficazes. Quanto melhor você delegar e desenvolver sua equipe, mais eles gostarão de si mesmos e de você. Como resultado, serão mais comprometidos e dedicados a fazer um excelente trabalho.

Quarto, pratique a Regra de Ouro em tudo o que fizer. Trate sua equipe como você gostaria de ser tratado por seu próprio chefe. Delegue como você gostaria que delegassem para você. Ofereça *feedback* como gostaria de recebê-lo. Lembre-se de como era frustrante no passado quando você não sabia o que era esperado ou quando não era reconhecido por fazer um bom trabalho. Evite colocar sua equipe nessa mesma situação.

Quinto e último, lembre-se de que os recursos humanos são os ativos mais valiosos da empresa; eles são o coração dela. Você recebeu em suas mãos o ativo mais importante que sua organização possui para alcançar resultados. Valorize e desenvolva essas pessoas para maximizar seu potencial.

Com esses fundamentos, você estará preparado para liderar e crescer junto de sua equipe.

O FATOR QUE DETERMINA SEU SUCESSO

Sua capacidade de obter resultados por meio dos outros, de delegar e supervisionar de forma eficaz, será o principal fator que determinará seu sucesso como gestor. Trate sua equipe com cuidado, paciência e gentileza. Você tem o poder de influenciar como cada funcionário se sente – feliz ou infeliz, realizado ou insatisfeito, produtivo ou improdutivo.

Estabeleça padrões claros, delegue com precisão, acompanhe o progresso e certifique-se de que o trabalho delegado está sendo feito conforme solicitado.

Comprometa-se a desenvolver e formar os vencedores do futuro. Veja os membros de sua equipe como pessoas com um potencial enorme ainda não explorado, e que você pode ajudá-los a alcançar.

Uma parte significativa do seu sucesso como gestor dependerá da sua habilidade de delegar bem e supervisionar seus funcionários após delegar as tarefas.

Ao colocar em prática o que aprendeu neste livro e ao tratar sua equipe com cuidado, paciência e gentileza, você estará trilhando o caminho certo para se tornar um gestor excepcional.

Esta obra foi composta em *Swift Neue LT Pro*
e impressa por Promove Artes Gráficas sobre papel
Polen Bold 90 g/m² para Editora Hábito.